OSTUFER

Alles tummelt sich in den Gassen und am Ufer des hübschen Ortes Varenna. Colico ist einer der entspanntesten Badeorte am See. Am Ostufer geht es beschaulich zu – genau das lockt Besucher hierher. → S. 132

SÜDUFER

Von Como nach Bellagio schlängelt sich die Straße an den Steilhängen entlang, die Villen am Westufer scheinen zum Greifen nah. Viele zieht es hier ins malerische Bellagio, an der Spitze der beiden Seearme, mit dem eindrücklichen Seepanorama. → S. 154

Varenna

agio

Lecco

KARTEN UND PLÄNE

MERIAN

Reiseführer

Comer See

Eva Gerberding | Rayka Kobiella

CIAO LAGO DI COMO!

DIE THEMEN DER REGION

WANDERUNGEN UND AUSFLÜGE

UNSER COMER SEE

Nach dem Gotthardtunnel oder dem San-Bernardino-Pass ist der Wall der Alpen überwunden, der Blick schweift in die Weite. Von der Schweiz kommend, gelangt man als Erstes nach Como. Hier beginnt der Süden Europas.

Wenn Greta Garbo in dem Film »Grand Hotel«, einem Klassiker aus dem Jahr 1932, als Primaballerina Grusinskaja sehnsuchtsvoll haucht: »Einen Monat Ferien in Tremezzo …«, dann weckt das Sehnsucht und Neugierde: auf Tremezzo, Cernobbio, Cadenabbia, Menaggio, Bellagio, Varenna – Namen, die in den Ohren wie Musik klingen, wie Dolce Vita pur.

Der erste Besuch am Comer See liegt viele Jahre zurück. Wir logierten im Hotel San Giorgio in Lenno direkt am See, wo damals pensionierte Opernsänger der Mailänder Scala ihre Sommer zwischen Jugendstilmöbeln und Muranolüstern verbrachten. Eine charmante Mischung aus alter Pracht und Halbpension, eine literarisch-musikalische Welt, die fernab von Effizienz ihren eigenen Regeln folgte.

Wie ein auf dem Kopf stehendes »Y« liegt der Comer See zwischen bewaldeten Bergen und schroff ansteigenden Felsen: herb, kühl, aristokratisch. Die zwei südlichen Arme vereinigen sich in Bellagio. Der östliche Lago di Lecco ist stiller und zurückhaltender; er wirkt mehr durch die angrenzenden Berge. Der Westarm, Lago di Como genannt, weist die imposanteren Villen und die lieblichere Natur auf. Der Norden wiederum ist das Revier von Campern und Surfern, die Ufer sind flacher, die Orte weniger malerisch.

»The most beautiful lake I have ever seen.«
Percy Shelley (1792–1822), englischer Dichter

Aber es sind nicht nur das Klima und die Landschaft, die begeistern. Es ist die Symbiose von Natur und Architektur. Nicht umsonst stammen aus der Gegend um den Comer See ganze Dynastien von Baumeistern, die einstmals europäischen Städten Glanz verliehen – von Rom bis St. Petersburg. Als

Hinweis auf die lange Geschichte grüßen tausendjährige romanische Kirchen von den Höhen, und an den Ufern reihen sich pompöse Hotelpaläste und elegante Jugendstilvillen wie an einer endlosen Perlenkette. Sie scheinen hinter großen Hecken und mit geschlossenen Fensterläden zu dösen. Prachtvolle Gärten lassen sich hinter den Sträuchern erahnen oder sind gar zu sehen. Subtropische Flora, ein Duft von Zitronenblüten und Blumen, von Pinienwald und Magnolien: Dieser Faszination kann man sich nicht entziehen.

Die britische High Society strömte ab dem 19. Jahrhundert schneemüde von St. Moritz an den Lago di Como. Im 20. Jahrhundert entdeckten neben den Hollywoodstars auch der deutsche Bundeskanzler Konrad Adenauer und der Super-Promi George Clooney dieses Fleckchen Erde. Es ist der Charme längst vergangener Zeiten, von der Belle Époque bis hin zu den 1950er-Jahren, der den See so anziehend macht. Neben der Pracht der Villen und Gärten locken auch die pittoresken Dörfer, die sich um einen kleinen Hafen am See gruppieren oder hoch oben an den Hügeln kleben. Eine Harmonie von üppiger Natur und karger Bergwelt. Strenge Bauauflagen sorgen dafür, dass das Gleichgewicht von Natur und Kultur erhalten bleibt.

Die Autorin **Eva Gerberding** erholt sich von beruflich bedingten Reisen immer wieder am Lago Maggiore, wo das Familienhaus steht. Die Faszination des Comer Sees erhält alljährlich neue Impulse durch Entdeckungsfahrten per Schiff und Wandertouren mit ihrer Schwiegertochter **Rayka Kobiella**, die mit ihr zusammen diesen Band geschrieben hat.

Ein pflanzenberankter Laubengang mit wunderbarem Blick verbindet die zwei Gebäudeteile der Villa del Balbianello, einer der Prachtvillen am See.

DER
ERSTE BLICK
AUF DEN
COMER SEE

★ MERIAN TOP 10

*Das sind sie – die Sehenswürdigkeiten, für die der Comer See
weit über Oberitalien hinaus bekannt ist.*

★1 Piazza Duomo, Como
Stadtturm, Broletto und Kathedrale: An der zentralen Piazza
Duomo in der größten Stadt am See sind geistliche und welt-
liche Macht auf eindrucksvolle Weise vereinigt. → S. 57

★2 Museo Didattico della Seta (Seidenmuseum), Como
Die Geschichte der Seidenproduktion, die Como geprägt und
ihr Reichtum beschert hat, wird hier, in einer alten Seidenspinnerei, anschaulich präsentiert. → S. 63

★3 Villenrundfahrt auf dem See, Como
Die schönste Art, den Comer See zu bereisen, ist eine Fahrt
mit den Schiffen der Navigazione Laghi. Diese kreuzen über
den See und gewähren herrliche Blicke auf die Villen, die zum
Wasser hin oftmals ihre Schokoladenseite zeigen. → S. 78

★4 Brunate
Comos Vorort gilt als »Balkon der Alpen«. Mit der Standseil-
bahn ist man in nur wenigen Minuten oben und erlebt die
Südalpenweite der Lombardei. → S. 80

★5 Isola Comacina
Die einzige Insel im Comer See kann auf eine wechselhafte
Geschichte zurückblicken. Unter anderem wurde sie im Mit-
telalter mit einem Fluch belegt. Heute leben hier Künstler auf
Zeit, und im Inselrestaurant wird gezaubert. → S. 107

★6 Villa del Balbianello, Lenno
Anmutig erhebt sich die Villa auf ihrer Halbinsel. Das verschwenderisch ausgestattete Anwesen wurde als Kulisse für
internationale Filme berühmt. → S. 109

Hoch über dem See thront der kleine Ort Brunate, bequem erreichbar mit der Standseilbahn, die seit mehr als 120 Jahren den steilen Anstieg überwindet.

☆ Villa Carlotta, Cadenabbia

Faszinierend sind die Prachträume dieser im 18. Jh. für einen Mailänder Bankier erbauten Villa. Zum Lustwandeln verlockt die im 19. Jh. geschaffene exotische Parklandschaft. → S. 117

8 Varenna

Varenna gilt als reizvollster Ort am Ostufer des Comer Sees. Vom Schiffsanleger führt der »Spazierweg der Verliebten«, die »passeggiata degli innamorati«, in die Altstadt. → S. 140

9 Bellagio

Traumziel und Sehnsuchtsort aller Reisenden am Comer See: Wo sich die beiden Arme des Sees treffen, locken prunkvolle Villen, üppig bewachsene Hügel und idyllische kleine Fischerorte gleich nebenan. → S. 156

10 Park der Villa Melzi, Bellagio

Franz Liszt erlebte hier magische Sonnenuntergänge mit seiner Geliebten Marie d'Agoult. Der Park der Villa Melzi ist eine Liaison aus englischer und italienischer Gartenkunst. → S. 160

⚑ MERIAN EMPFEHLUNGEN

Ungewöhnliche Perspektiven, charmante Orte und feine Details versprechen besondere Augenblicke.

⚑1 Karneval der Schönen und Hässlichen, Schignano
Das bei Weitem ungewöhnlichste Faschingsspektakel am See: Die *belli* und die *brutti* marschieren, begleitet von Musikern, durch das Dorf Schignano im Val d'Intelvi. → S. 33

⚑2 Bäckerei Beretta, Como
Comos schönste Bäckerei beherrscht die Kunst des Brotes. Spezialität ist *fetta di nuvola*, ein süßes Weißbrot mit Aprikosenmarmelade – »buon appetito«. → S. 73

⚑3 Vintage Jazz, Como
Jazz und easygoing mitten in Como. Je nach Tageszeit präsentiert sich das Lokal als Restaurant, Café oder Musikkneipe – gerne auch draußen auf dem sonnigen Platz. → S. 77

⚑4 Teatro Sociale, Como
Es muss nicht immer die Scala in Mailand sein – auch die 1813 eröffnete Oper in Como bietet einen wunderbaren Rahmen für Opern, Ballett- und Konzertabende. → S. 77

⚑5 Bellavista, Brunate
Wer in dem kleinen, aber feinen Boutiquehotel nicht Quartier bezieht, sollte wenigstens zum Sundowner mit Blick auf Como, den See und die Alpen kommen. → S. 81

⚑6 Parco Teresio Olivelli, Tremezzo
Abends im Park: Nächtliche Illuminationen begleiten den romantischen Spaziergang durch den »Parco più bello d'Italia«, einen der schönsten Parks Italiens. → S. 113

7 Abbazia di Piona

Die Abtei ist ein magischer Kraftort inmitten der Natur. Sie atmet Geschichte und strahlt Ruhe aus. → S. 134

8 Castello di Vezio

Ein himmlischer Panoramablick in Richtung Süden, den Lago di Lecco hinunter und nach Bellagio eröffnet sich von der Burg oberhalb von Varenna aus. → S. 142

9 Villa Serbelloni, Bellagio

Im Park der Villa Serbelloni über Bellagio entfaltet sich südliche Gartenpracht mit Zitronen- und Orangenbäumen. → S. 158

10 Ittiturismo Ristorante Mella, Bellagio

Nachhaltig und täglich frisch gefischte Fische kommen im Familienrestaurant auf den Tisch. → S. 166

11 Madonna del Ghisallo, Magreglio

Für Radenthusiasten: An der steilsten Strecke wacht die Schutzpatronin über die Radfahrer. → S. 168

12 Bar Italia, Torno

Nostalgiereise: Die Bar vermittelt ihren Gästen 1950er-Jahre-Feeling an der Hafenpiazza in Torno. → S. 178

13 Greenway del Lago di Como

Die Perle der Wanderwege von Colonno nach Cadenabbia bietet alles auf einmal, quasi das Best-of vom Comer See. → S. 182

14 Sacro Monte di Ossuccio

Der Aufstieg zum heiligen Berg führt zwischen Olivenbäumen über einen sanft ansteigenden, gewundenen Weg mit »Bibelstunde« und herrlichem Blick auf den See. → S. 188

15 Seilbahn Argegno-Pigra

Mit der steilsten Seilbahn Europas schwebt man hinauf und genießt die eindrücklichen Ausblicke. → S. 195

COMER SEE KOMPAKT

Amtssprache: Italienisch
Einwohner: In der Provinz Como leben ca. 600 000 Einwohner, in der Provinz Lecco etwa 340 000.
Fläche: Der Comer See ist 146 km² groß, er erreicht eine Tiefe von bis zu 425 m. Mit 170 km besitzt er die längste Uferlinie aller italienischen Seen.
Größte Stadt: Como (82 000 Einwohner)
Internet: www.lakecomo.is
Höchster Berg: Monte Legnone (2609 m)
Religion: 90 % katholisch
Währung: Euro

Lage und Geografie

Seine Entstehung verdankt der Comer See den **Gletschern** der letzten Eiszeit, die sich damals ins Gestein gegraben haben. Durch die geschützte Lage am Südrand der Alpen und dank der großen Wassermassen ist hier ein Mikroklima entstanden, das eine subtropische Vegetation begünstigt. Der Comer See ist mit seinen 146 km² der drittgrößte See Italiens, er ist 51 km lang und bis zu 4,2 km breit. Er reicht von der südlichen Alpenkette bis an den Rand der Poebene. Aufgrund der zentralen Lage an den wichtigsten Verbindungswegen zwischen Zentraleuropa und dem Mittelmeerraum kennt die Region seit jeher Durchgangsverkehr. Im Norden reicht der See, der von den Römern »**Lario**« genannt wurde, bis zu den Tälern Valchiavenna und Valtellina, außerdem bis zu den Gebirgspässen Splügen-, Malojapass und Stilfser Joch.

Auf der Höhe von Bellagio teilt sich der See in zwei Arme. Der Ostarm verläuft wie ein schmaler Canyon zwischen steilen Hängen. Der Fluss **Adda**, der im Norden bei Colico in den See mündet, tritt bei Lecco wieder aus. Noch weiter nördlich mündet der von Chiavenna kommende Fluss **Mera** in den See. Zwischen der Mündung der Mera und der Mündung der Adda liegt das Naturreservat Pian di Spagna. Der Westarm ist mit seinen sanfteren Hügeln seit Jahrhunderten Ziel von Reisenden.

Das charmante Bellagio ist einer der Lieblingsorte der Urlaubsgäste am Comer See.

Bevölkerung und Religion

In den Städten Como mit 82 500 Einwohnern und Lecco mit 48 300 Einwohnern sind die Bevölkerungszahlen in den letzten Jahren gewachsen.

Die **Bevölkerungsdichte** beträgt in der Provinz Como 465 Einwohner/km², in der Provinz Lecco 416 Einwohner/km². In den abgelegenen Bergtälern ist die Bevölkerungszahl hingegen in den letzten 100 Jahren beständig gesunken, da zu wenig Arbeitsplätze und zu wenig Siedlungsfläche für alle Bewohner zur Verfügung stehen. Mehr als 90 % der Einwohner sind **Katholiken**.

Politik und Verwaltung

Das Gebiet um den Comer See gehört zur **Lombardei**, zu der im Westen Teile des Lago Maggiore und im Osten Teile des Gardasees gehören. Die Lombardei ist die viertgrößte Region Italiens und ist in elf Provinzen sowie in die Hauptstadt Mailand aufgeteilt. Am Comer See liegen zwei dieser lombardischen **Provinzen**: Lecco und Como. Die Bevölkerung in Oberitalien wählt traditionell konservativ.

Sprache

Italienisch ist Amtssprache. Darüber hinaus spricht ein großer Teil der Bevölkerung – vor allem in den Bergtälern – lokale **Dialekte**, die schwer zu verstehen sind.

Wirtschaft
Oberitalien mit den Industriezentren Turin und Mailand gehört zu den wirtschaftlich stärksten Regionen Italiens. Como und Lecco sind die beiden Industriezentren am See. Die **Arbeitslosenquote** liegt hier deutlich unter dem italienischen Durchschnitt. Rund um den Comer See spielt der **Tourismus** eine große Rolle, er ist die Haupteinnahmequelle. In der **Landwirtschaft** geht es vor allem um den Anbau von Wein, Gemüse und Obst, außerdem um die Käseproduktion, obwohl die landwirtschaftlichen Nutzflächen in den letzten Jahren stark geschrumpft sind.

Como ist das Zentrum der europäischen **Seidenproduktion**. Außerhalb von Como, in der Brianza, dem Hügelland zwischen Comer See und Mailand, sind außerdem einige **Möbelfabriken** angesiedelt. Eine ertragreiche **Alpwirtschaft** wird noch in einigen Tälern betrieben, wie z. B. im Valsassina.

Nebenbei bemerkt
Jeder große See bringt seine eigenen **Winde** mit sich. Beim Lago di Como sind das Breva und Tivano. **Breva** bezeichnet den südlichen Wind, der am Nachmittag aufkommt und meist um die vier Windstärken erreicht. Er ist im Bereich von Domaso bzw. der gegenüberliegenden Abtei von Piona am stärksten. **Tivano** ist der nördliche Wind, der von abends bis in den Morgen vom Land weg meist stärker als die Breva weht und in der Mitte des Sees hohe Wellen verursacht.

Für alles gibt es ein erstes Mal: Das **Museo del Cavallo Giocattolo** in Como ist das erste Museum der Welt, das sich ausschließlich Spielzeugpferden widmet. 535 Spielzeugpferde, die ältesten aus dem 17. Jh., sowie Pferdeskulpturen und Schaukelpferde auf Rädern werden gezeigt.

Como und New York City, wer würde da an Gemeinsamkeiten denken? Auf dem Hauptplatz von Como errichtete William Rockefeller 1902 den **Rockefeller Brunnen** für rund 600 Dollar. 25 000 Dollar hat es ihn später gekostet, um besagten Brunnen, in vielen kleinen Boxen verpackt, in die Staaten transportieren und am Bronx Zoo von New York City wieder aufstellen zu lassen. 1968 wurde der italienische Brunnen sogar zur offiziellen Sehenswürdigkeit von New York geadelt.

Zahlen rund um den See

Der Comer See ist unter den Oberitalienischen Seen eine der beliebtesten Urlaubsregionen, aber ist er auch der größte? Wie steht es um die Preise im Vergleich zu anderen beliebten Ferienregionen weltweit, wenn man sich so sehr in den See verliebt, dass man eine Ferienwohnung erstehen möchte? Und können sich Sonnenanbeter auf ungetrübten Badegenuss freuen?

Oberitalienische Seen nach Größe

Gardasee: 370 km²
Lago Maggiore: 212,5 km²
Comer See: 146 km²
Iseosee: 65,3 km²
Luganer See: 48,7 km²
Ortasee: 18,2 km²

Teuerste Ferien-Immobilien im Vergleich

Comer See: ab 6,6 Mio.
Seychellen: ab 6 Mio.
St. Moritz: ab 6,3 Mio.
Barbados: ab 17 Mio.
Monaco: ab 17,7 Mio

Tägliche Sonnenstunden

Comer See: 8 Stunden
Berlin: 7 Stunden
Korfu: 9 Stunden
Rom: 11 Stunden
Côte d'Azur: 12 Stunden

Klima Como (Mittelwerte)

	Januar	Februar	März	April	Mai	Juni	Juli	August	September	Oktober	November	Dezember
Max. Temperatur	4	7	10	16	20	26	30	28	24	18	10	4
Min. Temperatur	-2	0	3	7	10	14	16	15	13	8	3	2
Sonnenstunden	3	3	4	5	6	7	8	8	7	5	3	2
Regentage pro Monat	4	5	6	9	10	10	8	8	7	8	8	7
Wassertemperatur	9	9	10	11	15	19	24	23	20	15	11	10

GESCHICHTE

Die Ufer des Comer Sees sind schon in prähistorischer Zeit besiedelt. Doch erst die Römer rücken die Region in das Licht der Historie. Später erobern die Habsburger, dann Napoleon das Gebiet, das seit 1861 zum Königreich Italien gehört.

Römische Besiedelung (3. Jh. v. Chr.)
Como als Stadt entsteht erst mit Ankunft der Römer 196 v. Chr. Der erste große Ausbau von Como geht auf **Julius Caesar** zurück. Er verleiht den Bewohnern römische Bürgerrechte. Novum Comum – das »neue Como« – wird zu einer blühenden Stadt, in der Handwerk und Handel gedeihen. Den See nennen die Römer **Lacus Larius**, noch heute wird er oft »Lario« genannt. Sie gründen kleinere Städte und bauen prachtvolle Sommerresidenzen. Eines der frühen Sommerhäuser war die Villa Comoedia des Tribuns und Konsuls Plinius des Jüngeren (61–113 n. Chr.) in Lenno am Westufer. Seine Villa Tragoedia thronte auf dem Berggipfel von Bellagio, wo heute die Villa Serbelloni steht. Sein Onkel, Plinius der Ältere (23–79 n. Chr.), war Gelehrter, Offizier und Verwaltungsbeamter. Sein Neffe wurde vor allem durch die Pliniusbriefe bekannt, die heute zu den wichtigsten historischen Quellen des 1. Jh. gehören.

Streit zwischen Como und Mailand, Barbarossas Niederlage (10.–12. Jh.)
Zu Beginn des 10. Jh. bestimmen Feudalherren die Geschicke am See. Die einzelnen Kommunen erstarken, ertrotzen sich Privilegien und streben nach Autonomie. 1118 beginnt ein erbitterter Streit zwischen Como und Mailand. Como schlägt sich auf die Seite des **Heiligen Römischen Reichs** und wird ein treuer Verbündeter des jeweiligen Kaisers. Als der römischdeutsche Kaiser Friedrich I. Barbarossa 1162 Mailand erobert und zerstört, erstarkt Como und startet 1169 einen Vernichtungsfeldzug gegen die Isola Comacina, die während des 10-jährigen Kriegs mit Mailand verbündet gewesen war. In der

Die Villentradition am Comer See reicht weit zurück: Wo sich heute die Villa Serbelloni befindet, stand einst die antike Villa Tragoedia von Plinius dem Jüngeren.

Folgezeit missfällt den Städten Barbarossas Politik immer mehr. Sie schließen sich im **Lombardenbund** zusammen, kämpfen für ihre Autonomie und besiegen den Kaiser schließlich 1176 in der Schlacht von Legnano. Ein Kompromiss wird geschlossen. Geblieben ist eine kleine Anekdote: Die erbeuteten Schätze will der Kaiser über den Comer See nach Chiavenna transportieren lassen, doch die Gravedoner entern seine Schiffe und sollen dabei sogar die Kaiserkrone geraubt haben.

Herrschaft der Habsburger und die Pest (17.–18. Jh.)

Das 17. Jh. ist in der Region geprägt vom Schwarzen Tod. In Mailand bricht die Pest 1628 aus und stürzt die gesamte Lombardei in eine Armut, die das ganze Jahrhundert anhält. Im **Spanischen Erbfolgekrieg** (1701–1714) fällt das Gebiet an die österreichischen Habsburger. Kaiserin Maria Theresia gilt als bedeutendste Herrscherin des aufgeklärten Absolutismus. Unter ihrer Herrschaft wird der Einfluss des Klerus beschnitten, die öffentliche Volksschule und das Katasteramt werden eingeführt. Auf Häuser und Grundbesitz müssen nun Steuern bezahlt werden. Um 1750 gibt es um Como ca. 250 **Seidenspinnereien**. Die Entwicklung dieser Industrie trägt wesentlich zur Verbesserung der wirtschaftlichen und sozialen Situation bei.

Die Anbindung der Orte rund um den Comer See an das Eisenbahnnetz führte zu einer Zunahme der Besucherzahlen, hier die Bahnlinie Como – Lecco.

Napoleonische Herrschaft und deren Ende (18.–19. Jh.)

1796 schlägt **Napoleon** mit seiner Armee die Österreicher, dringt nach Oberitalien vor und bringt mit seinem Auftritt das geopolitische Bild der Region durcheinander. Im Jahre 1797 wird die Cisalpinische Republik mit der Hauptstadt Mailand gebildet, die die gesamte Lombardei und andere Teile Italiens umfasst und im Jahre 1802 in **Italienische Republik** umbenannt wird. Der Stern Napoleons leuchtet nur kurz, beschert jedoch Como einen Aufschwung: Viele der Villen, Paläste und Parkanlagen entstehen zu dieser Zeit. Nach dem cndgültigen Sturz Napoleons (1815) spricht der Wiener Kongress die Lombardei wieder den österreichischen Habsburgern zu.

Soziale Unruhen und Einigung Italiens (19. Jh.)

Im 19. Jh. kündigen sich soziale Unruhen an: An den Webstühlen der Seidenhersteller schuften die Kinder bisweilen zehn bis fünfzehn Stunden am Tag. Die Sterblichkeitsrate bei Neugeborenen beträgt 50 Prozent, außerdem wird die Bevölkerung durch Cholera-Epidemien dezimiert. 1847 wird in Como ein Hungeraufstand niedergeschlagen. Ab 1848 drängt das **Risorgimento**, die italienische Einheitsbewegung, auf die nationale Einigung Italiens. Nach Niederlagen muss Wien die Lombardei und Venetien an das im Jahr 1861 gegründete **Königreich Italien** abgeben. Im selben Jahr wird Vittorio Emanuele II. von Piemont zum König von Italien gekrönt.

Tourismus und Industrialisierung (1861–1914)

In der zweiten Hälfte des 19. Jh. entsteht der Mythos eines abgeschiedenen Paradieses und lässt die Karawane der Reisenden Richtung Lago di Como ziehen. Begünstigt wird das durch die Gotthard-Eisenbahnlinie, die 1882 fertiggestellt wird, und den Ausbau der Regional- und Lokalbahnen. Doch die Eröffnung des **Gotthardtunnels** spielt nicht nur eine wichtige Rolle für den Fremdenverkehr, sondern begünstigt auch die Teilhabe Mailands und der Lombardei am Handel mit Nordeuropa. Der Prozess der Industrialisierung unter Vorrangstellung Mailands wird beschleunigt. Como entwickelt sich dank der **Seidenindustrie** zu einer der blühendsten Städte des Landes, und auch Lecco wächst rasch zum bedeutenden Wirtschaftszentrum heran. Dank des neu erworbenen Reichtums entdeckt das Bürgertum für sich das Reisen, das zuvor dem Adel vorbehalten war. Zugvögeln gleich reist man der Sonne entgegen, okkupiert die besten Lagen am See: Die großen Hotels entstehen und erleben ihre Blütezeit.

Benito Mussolini und der Zweite Weltkrieg (nach 1919)

Im neuen Klima des Nationalismus des vereinten Italiens hat es Benito Mussolini nicht schwer, als er 1919 in Mailand mehrere Splittergruppen zum faschistischen Verband »Fasci di Combattimento« (»Kampfverbände«) zusammenschließt. Auf der **Konferenz von Stresa** 1935 verständigt sich Italien mit Frankreich und Großbritannien im Palast auf der Isola Bella auf Maßnahmen gegen die drohende Expansionspolitik der Deutschen. Es nützt nichts. Im Zweiten Weltkrieg kämpft Italien ab 1940 auf der Seite Deutschlands. Nach der Landung der Alliierten auf Sizilien wird Mussolini 1943 gestürzt. Italien wechselt die Fronten und erklärt Deutschland den Krieg. Nach dem Krieg wird Italien eine **Republik**.

KLIMA, LANDSCHAFT UND ARCHITEKTUR

Idyllische Orte, Villen und Palazzi, Berge, die den See umgrenzen, am Ufer Palmen und Zypressen, Azaleen und Rhododendren – so empfängt der Comer See den Besucher, beschenkt ihn mit üppiger Natur und lässt ihn romanische Kirchen und wehrhafte Burgen bestaunen.

Auf der Sonnenseite der Alpen

Während nördlich der Alpen ein kalter Nordwind sein Unwesen treibt, können sich die Italiener auf ihrer südlichen Seite entspannen. Geschützt von hohen Bergen und den ausgleichenden Wassermassen des Sees, genießt man hier das ganze Jahr über ein **mildes Klima**. Das sorgt dafür, dass am Lario schon die Blumen blühen, während in Mitteleuropa der Winter noch überlegt, etwas länger zu bleiben. Ab Februar kann man am Comer See mit gutem Wetter rechnen, und auch der Oktober ist meistens schön. Selbst im Winter muss hier selten mit Frost gerechnet werden. Die von Süden kommenden mediterranen Winde verwöhnen die Landschaft bereits im Spätwinter mit so mildem Klima, dass schon im März eine farbenprächtige Flora gedeiht, die Einwohner wie Besucher erfreut.

Vielfältige Pflanzenwelt

Einst voller Wälder haben Olivenhaine, Weinreben und Obstbäume rund um den Comer See Einzug gehalten. Dazu kommen prachtvolle Parks und üppige Gärten der historischen Villen. Nahezu alles scheint am Comer See zu wachsen: Kastanienbäume und Palmen, Granatapfelbäume und Buchen, Oleander und Hortensien – **Mikroklima** sei dank. Bis auf 1000 Meter Höhe sind überwiegend stämmige Kastanienbäume vertreten. Dazu gesellen sich in sonnigen Lagen Laubmischwälder, in schattigen Gegenden übernimmt die Hopfenbuche. Weiter oben wachsen Buchen und Weißtannen, auf

Das milde Seeklima lässt eine große Vielfalt an Pflanzen gedeihen, hier üppig blühende Rhododendren- und Azaleensträucher im Park der Villa Carlotta.

1600 Meter Höhe sieht man vor allem Lärchen. Der einheimischen Flora stehen die eingeführten Pflanzen gegenüber, die seit dem 17. Jahrhundert für wohlhabende Mailänder aus aller Welt importiert wurden. Und auch die exotischen »Neuankömmlinge« fühlen sich bei den milden Temperaturen pudelwohl und gedeihen prächtig. Die Gärten und Parks berauschen durch ein vielfältiges Duft- und Farbspektakel.

Ein See mit einer besonderen Form
Leicht macht es der Comer See seinen Besuchern nicht, vor ihren Blicken verbirgt er sich hinter hohen Berggipfeln. Flankiert von der **Grigne** und den Ausläufern der **Tessiner Alpen** mutet der tiefste aller Alpenseen fast wie ein Fjord an – 425 Meter sind es bei Nesso zwischen der Wasseroberfläche und dem Seegrund. Auf der Landkarte sticht die erste Besonderheit sofort ins Auge: der Comer See sieht aus wie ein auf den Kopf gestelltes »Y«. Der Lago di Como entwickelte sich wie auch die anderen Oberitalienischen Seen aus den Aus-

Die dichten Wälder im Parco Regionale Spina Verde westlich von Como werden vom Castello Baradello mit seinem markanten Turm überragt.

schürfungen der Eiszeitgletscher. Eismassen rollten bis zur Poebene, rissen dabei Krater in die Landschaft und bedeckten sie mit Eis. Als sich die Gletscherzungen zurückbildeten, füllten sich die entstandenen Risse mit Schmelzwasser. Da der Comer See in einem Zungenbecken liegt, teilte sich der See an den Bergen der Brianza in zwei Arme. So ergab sich die charakteristische Form des Comer Sees.

Nationalpark Parco Regionale Spina Verde

Westlich von Como breiten sich die Kastanienwälder des Parco Regionale Spina Verde über die **hügelige Landschaft** aus. Auch zahlreiche Eichen, Birken und Kiefern findet man hier. Je weiter es in Richtung Osten geht, desto mehr Robinien tauchen auf, Busch- und Heideland ist ebenfalls zu sehen. Im Park tummeln sich Steinmarder, Feldhasen, Eichhörnchen, aber auch Eidechsen und Blindschleichen. In den Feuchtgebieten des Parks kann man Salamander, Frösche und Kröten beobachten. Neben Natur pur findet man hier auch historisch spannende Orte wie etwa Kultstellen aus vorrömischer Zeit oder Reste eines urzeitlichen Como. Auf mittelalterliche Geschichte stößt man beim **Castello Baradello**. Es liegt auf 432 Metern Höhe und wurde unter der Herrschaft Friedrich Barbarossas im 12. Jahrhundert wieder aufgebaut und erweitert, nachdem es bei Auseinandersetzungen beschädigt worden war.

Lacus Larius

Geheimnisvoll klingt der Name, den die Bewohner ihrem See gaben: »Lario«. Dieser kommt vom lateinischen »Lacus Larius«, wie die **Römer** das Gewässer nannten. Sie hatten an dem mit 425 Metern tiefsten Binnengewässer Europas ihre Villen gebaut, Uferterrassen angelegt und bepflanzt. Sie nutzten die windgeschützten Hänge für den Weinanbau. Zur Römerzeit lebten bereits mehr als 15 000 Menschen am See. Es entstanden viel befahrene Handelswege, die durch Como führten. Paläste und Schlösser wurden im Mittelalter errichtet, als Adel und Klerus das milde Seeklima für sich entdeckten. Zu dieser Zeit ließ einer der Florentiner Medici Maulbeerbäume anpflanzen, die für die Seidenraupenzucht genutzt wurden. Ein weiser Entschluss: Seit dem 16. Jh. produzierte Como erfolgreich Seide.

Die Römer am See

Die Geschichte begann am Comer See erst mit den Römern, auch wenn es frühere **Siedlungsspuren** gibt, aus denen man aber keine klaren Erkenntnisse gewinnen kann: Grabungsfunde in Como, Brunate und Civiglio. Immerhin lassen diese auf eine lebhafte Besiedelung etwa vom ersten vorchristlichen Jahrtausend an schließen. 200 Jahre vor Christi Geburt kamen schließlich die Römer und eroberten strategisch wichtige Gebiete. Unter der Führung des römischen Konsuls Claudius Marcellus wurden die Insubrer, der hier ansässige keltische Stamm, geschlagen, und das ganze Gebiet fiel unter römischen Machteinfluss. Die Provinz **Gallia Cisalpina** mit dem Mittelpunkt Mediolanum wurde gegründet – dem heutigen Mailand. Die Via Regia entstand, prachtvolle Sommerresidenzen wurden gebaut und kleinere Städte gegründet.

Via Regina, ein majestätische Straße

In der Tat ist sie eine Königin unter den Straßen: die Via Regina, die die schönsten Orte am Ufer des Comer Sees verbindet. Angelegt wurde sie schon unter den Römern, zwischen den Provinzen Raetien (Nordalpengebiet bis zur Donau) und Gallia cisalpina (Norditalien), damals Via Regia genannt. Die Via Regia führte über die Alpen bis nach Augsburg und war eine wichtige **Handelsstraße** im Römischen Reich. Irgendwann mogelte sich das »n« in den Namen. Unter den Langobarden und Königin Theodolinde (ab dem 6. Jahrhundert) wurden die alten Römerstraßen wieder instand gesetzt, und so wurde die Straße zu Recht eine Straße der Königin – Via Regina. Heute passiert man hier die schönsten Villen und Gärten und genießt stimmungsvolle Blicke auf das Ostufer des Lagos.

Charakteristischer Baustil: die Romanik

Als Hinweis auf die lange Geschichte grüßen tausendjährige romanische Kirchen von den Höhen herab: Die **romanische Architektur** am Comer See ist charakteristisch für die Region und verbindet sie doch mit anderen europäischen Gebieten. Tatsächlich war in der Lombardei das am häufigsten verwendete Material der Ziegel, da der Lehmboden tonhaltig ist. Dies trifft jedoch nicht auf Como zu: Das kennzeichnende Element der Romanik in Como ist der Gebrauch von Stein als Baumaterial, die Dächer sind häufig einfach, und auch bildhauerische Arbeiten sind in der Gestaltung eher zurückhaltend. Dies liegt daran, dass die genutzten Steine aus der Gegend sehr hart sind und darum schwer bearbeitet werden können. Dafür sind die Grundrisse umso vielfältiger, so hat etwa die **Basilika Sant'Abbondio** in Como ein Hauptschiff und vier Seitenschiffe, während die Kirche San Carpoforo ein doppeltes Querschiff aufweist. Eines der ältesten Beispiele romanischer Baukunst am Lario findet sich in Gravedona.

In der Außengestaltung ganz der romanischen Strenge verpflichtet, zeigt der Innenraum von Sant'Abbondio in Como reichen Freskenschmuck.

Die Burg von Rezzonico am Westufer des Sees ist nur einer der zahlreichen Festungsbauten, die das Wohlergehen der Seebewohner einst sicherstellten.

Wehrhafte Festungen und Burgen

Unübersehbar prangen einschüchternde Burgen und Festungen, bisweilen auch als romantisch verfallene Ruinen an oftmals schwer erreichbaren Lagen. In dem heiß umkämpften Gebiet sind sie ein Zeichen für die umtriebige Geschichte. Von den Langobarden über Friedrich Barbarossa bis zur spanischen Fremdherrschaft – alle haben ihre Spuren hinterlassen.

Nachhaltiger Tourismus

Im Norden Italiens richtet die Tourismusbranche ihr Augenmerk immer stärker auf Umwelt und Landschaft und sorgt so dafür, den besonderen Charakter der Region zu bewahren. Was bringen einem die grünen Berge der Voralpen und der glitzernde Lago, wenn damit nicht sorgsam umgegangen wird? Immer mehr Restaurant- und Hotelbesitzer setzen auf Solarenergie, lassen ihre Möbel und Häuser aus regionalen Holzbeständen bauen und offerieren Gerichte mit Zutaten aus eigenem Bioanbau. Oftmals können die selbst angebauten Produkte auch in einem kleinen Bauernhofladen erworben werden.

Der nördlichste Olivenhain Europas

Wenn im Herbst und Winter die Oliven in der **Tremezzina** am westlichen Ufer des Comer Sees reif sind, werden sie seit Generationen von der Familie **Vanini** in liebevoller Handarbeit gepflückt und verarbeitet. Dann werden Netze unter den Olivenbäumen ausgebreitet, sodass auch ja keine Olive verloren geht oder gar gequetscht wird. Anschließend werden die Oliven zur Ölmühle der Vaninis (→ S. 112) bei Lenno transportiert. Hier werden sorgfältig Blätter und Gestrüpp entfernt, die Oliven gewaschen und dann samt Kern mithilfe des schweren Ölmühlensteins bei maximal 27 Grad zerquetscht. Abschließend wird das Olivenöl in einer Zentrifuge vom Fruchtwasser gelöst und in Flaschen und Kanister gefüllt.

Schon seit der Antike gibt es **Olivenhaine** am Comer See, die vom milden Klima der Region profitieren. Selbst der Langobardenkönigin Theodolinde war Olivenöl im 6. Jahrhundert ein Begriff, sie pflegte ihre Speisen mit dem edlen und schmackhaften Öl zu verfeinern. Seit 1850 ist die Ölmühle im Familienbesitz der Vaninis, 1905 gewann ihr **kalt gepresstes Olivenöl** die Goldmedaille auf der Weltausstellung in Paris. Das aufwendig gemalte, nostalgisch anmutende Etikett im Belle-Époque-Stil, das noch heute die Flaschen und Kanister ziert, erinnert an diese Zeit. Großvater Giuseppe schuf 1930 das Label, Sohn Osvaldo setzte seinen Namen darauf. Die alte Tradition wird von den Vanini-Brüdern fortgeführt.

Ihr Öl schmeckt fruchtig mit einem Hauch von Artischocke und Mandeln. Es zeichnet sich durch eine hellgrüne Farbe aus und gilt als säurearm. Heute gibt es das Olivenöl in jedem besseren Lebensmittelladen rund um den Comer See zu kaufen. Günstiger bekommt man es direkt in der **Cantina** in Lenno. Mittlerweile verstehen die Vaninis es auch, mehr aus ihren Oliven herauszuholen als nur Öl – Seifen, Hautcremes und Shampoos aus Olivenöl sind bei ihnen zu erstehen, aus Oliven des nördlichsten Olivenhaines Italiens.

VILLEN

*Der Comer See ist berühmt für seine prachtvollen Villen –
er steht geradezu als Synonym für Villenkultur, und diese
reicht weit zurück. Bereits in römischer Zeit entstanden
die ersten Villen am »lacus larius«.*

Urlaub am Lario

Seine Ferien am Lago di Como zu verbringen ist eine alte Tradition: Dank des milden Klimas und der schönen Landschaft hatte schon in römischer Zeit die obere Gesellschaftsschicht luxuriöse Villen zum Entspannen am Lario. **Plinius der Jüngere** besaß zahlreiche Villen in Italien – mindestens zwei davon am Comer See. Nach den dunklen Tagen des Mittelalters kehrte mit **Paolo Giovio** aus Como die Lust am Bauen zurück. Giovio war einer der wichtigsten Humanisten der ersten Hälfte des 16. Jahrhunderts. Er finanzierte eine Villa, die er »Museo« nannte: ein Ort, den er den Musen widmete. In den Räumlichkeiten sammelte er seine Kunst und die von alten wie auch neuen Persönlichkeiten. Dank des Erfolgs dieses Konzepts wurde der Weg geebnet für Museen, wie wir sie heute kennen. Das Museo von Paolo Giovio ist heute nicht mehr erhalten.

Große Villen entstehen

In der zweiten Hälfte des 16. und frühen 17. Jahrhunderts schufen Adlige und reiche Mailänder einige der schönsten Villen am See: **Villa Pliniana** in Torno, **Villa Gallio** in Gravedona, **Villa Gallia** in Como und **Villa Balbiano** in Ossuccio. Alle waren aufwendig dekoriert mit Fresken, Gemälden und Kunstsammlungen – vieles davon leider heute nicht mehr erhalten.

Prachtvillen am laufenden Band

In neoklassizistischer Zeit trat eine Hochphase für Architekten ein: In wenigen Jahrzehnten wurden viele prunkvolle Villen am See erbaut. Vermögende Mailänder schufen sich hier ihre

Ein Prachtexemplar der Villenarchitektur am Comer See ist die Villa Melzi, deren schlichte Eleganz viele Bewunderer findet, wie die Besucherzahlen zeigen.

kleinen oder großen Paläste. Simone Cantoni, Leopoldo Pollack, Carlo Felice Soave und andere große Architekten ihrer Zeit entwarfen bis ins frühe 19. Jahrhundert verschwenderische Bauten für reiche Familien. Selbst abseits der Städte gab es auf einmal Villen. Jedes Dorf am See schien eine zu haben. Die meisten wurden in Blevio, Torno, Cernobbio, Termezzo und Bellagio errichtet. Das Masterpiece ist sicherlich die **Villa Melzi** (→ S. 160) mit großem Garten und imposanter Architektur.

Villen der Mittelschicht

Nach der zweiten Hälfte des 19. Jahrhunderts änderte sich die soziale Schicht derer, die Villen in Auftrag gaben oder kauften, komplett. Repräsentanten der neuen industriellen **Mittelschicht** ersetzten Adel und frühere Upper Class. Auch architektonisch vollzog sich ein Wandel: Statt neoklassizistischer Gebäude fand nun ein Revival verschiedener Epochen statt: Stilmittel des Mittelalters wurden einbezogen (Villa Gaeta in Acquaseria), Elemente der Romanik und Gotik flossen in die Villenarchitektur ein, man findet Art Nouveau (Villa Bernasconi in Cernobbio) und Rationalismus (Villa Leoni in Ossuccio). Die Villen am Ufer des Comer Sees wurden insgesamt ein wenig kleiner – blieben aber immer noch riesig.

Einer der vielen Filme mit Seekulisse ist »Ein Sommer am See« (USA 1995) mit Vanessa Redgrave und Edward Fox, hier als tanzendes Paar.

Der Comer See im Film

Die Schönheit des Comer Sees war und ist für internationale Regisseure immer wieder ein guter Grund, ihn als malerische Kulisse in ihre Filme einzubauen. Schauplätze waren vor allem die eindrucksvollen **Villen** und ihre **Parks**.

Alles begann mit Greta Garbos imaginärer Villa in Tremezzo, nach der sie sich im Film »Grand Hotel« (1932) als russische Ballerina sehnt. Damit war der Comer See als »Seensuchtsziel« etabliert. Wenige Jahre zuvor hatte Hitchcock für seinen »Irrgarten der Leidenschaft« (1925) eine kurze Szene in der Villa d'Este gedreht. Eine der wichtigsten Locations für Filme wurde die **Villa del Balbianello** (→ S. 109). Sie diente als Kulisse für »Star Wars: Episode II« (2002). Anakin (Hayden Christensen) und Padmé (Natalie Portman) küssen sich auf der Terrasse. Auch die geheime Hochzeit der beiden findet hier statt. Für den Bond-Film »Casino Royale« (2006) wird die Villa in ein Sanatorium verwandelt, in dem sich Bond (Daniel Craig) erholt. In der Villa Gaeta in San Siro schießt Bond seinem Gegenspieler Mr. White (Jesper Christensen) ins Bein und sagt den klassischen Satz: »Mein Name ist Bond. James Bond.«

Auch für John Irvins Liebesromanze »Ein Sommer am See« (1995) war die Villa del Balbianello die perfekte Kulisse. Der Film spielt in den 1930er-Jahren. Als ledige Fotografin Miss Bentley verliebt sich Vanessa Redgrave in einen britischen Major (Edward Fox). Er hat jedoch nur Augen für die junge Miss Beaumont (Uma Thurman). Alle Außenszenen wurden am Comer See gedreht, u. a. in der **Villa Olmo** und der **Villa La Quiete** in Tremezzo sowie am Lido von Bellagio.

Nur eine Nebenrolle spielt der Comer See ausgerechnet in »Ocean's Twelve« (2004): George Clooney trifft den »Nachtfuchs« (François Toulour) in dessen Residenz, der **Villa Erba** in Cernobbio. In dem Sydney-Pollack-Film »Bobby Deerfield« (1977) spielt Al Pacino einen Rennfahrer. Zusammen mit Lillian (Marthe Keller) fährt er von Lugano nach Menaggio und von dort mit der Fähre nach Bellagio. Ihr Trip mit der legendären Alfetta GT ist wunderbar gefilmt, auch tolle Aufnahmen vom **Grand Hotel Villa Serbelloni** sind zu sehen. Luchino Visconti, der die Sommer seiner Kindheit am Comer See in der Villa Erba verbrachte, drehte eine Szene seines Films »Rocco und seine Brüder« (1960) an der Promenade von Bellagio.

Der Film »Lushin's Verteidigung« (2002) lässt die Atmosphäre der Goldenen Zwanziger am Comer See aufleben. Den Plot des Films lieferte eine Novelle von Vladimir Nabokov. Das Schachgenie Lushin (John Turturro) reist von Turnier zu Turnier durch Europa. Als Kind des Großbürgertums ist er in den Salons der luxuriösen Grandhotels zu Hause, doch der Prunk ist ihm gleichgültig: Seine ganze Leidenschaft gilt dem Schachspiel. Als er 1929 an den Comer See kommt, um bei der Weltmeisterschaft anzutreten, geschieht das Unerwartete – er verliebt sich in Natalia (Emily Watson). Gedreht wurde ebenfalls in der Villa Erba in Cernobbio. In dem Film »Der Andere« (2008) mit Liam Neeson und Antonio Banderas geht es um zwei um die Liebe einer Frau konkurrierende Männer, die sich am Comer See in der **Villa d'Este** treffen. Einige Szenen sind auf dem See in einem Motorboot gedreht.

Zur Information der Besucher gibt es an vielen der ehemaligen Drehorte Auskunftstafeln.

KULTUR UND BRAUCH

*Die Region rund um den Comer See ist eine Kulturland-
schaft mit reicher Geschichte. Zahlreiche Feste und Tra-
ditionen, die auch heute noch gepflegt werden, gehen auf
lange zurückliegende historische Begebenheiten zurück.*

Crotti: In der Grotte tafeln
Dongo und die benachbarten Orte sind bekannt für ihre
Felsengrotten, in denen einst Wein und Käse gelagert wurde.
Die »Crotti«, wie sie hier genannt werden, sind natürlich ent-
standene Grotten, die gut belüftet sind und in denen eine kon-
stante Temperatur von etwa 8 Grad gehalten wird. Im Sommer
sind sie schön kühl, und im Winter halten sie den Frost fern.
Heute werden einige dieser »Crotti« im Sommer zu rustikalen,
charmanten **Restaurants** umfunktioniert. Typisch regionale
und saisonale Küche wird auf einfachen Holz- oder Stein-
tischen serviert. Einen fantastischen Blick hat man dabei von
der Trattoria Crottone oberhalb von Dongo (www.crottone.it).

Historisches Fest: Pesa Vegia
In **Bellano** wird in der Nacht vom 5. auf den 6. Januar das Fest
Pesa Vegia gefeiert, das auf ein historisches Ereignis zurück-
geht. Die spanischen Besatzer wollten 1666 neue Gewichte ein-
führen, doch die einheimischen Kaufleute setzten sich erfolgreich zur Wehr: Am Vorabend des Dreikönigstags gewannen
die Italiener gegen die spanischen Herrscher – die alten Gewichte durften bleiben. Seitdem wird jedes Jahr am Abend des
5. Januar in Bellano kräftig gefeiert: Es findet ein **historischer
Umzug** statt, der symbolisch eine Waage bei sich trägt. Am
Hafen werden die Abgesandten erwartet, die damals mit dem
Boot aus Como zurückkehrten, um die frohe Botschaft zu
überbringen. Abschließend wird vom Balkon des Rathauses
offiziell mitgeteilt, dass das alte Gewicht – die *Pesa Vegia* – bestehen bleibt, und ein Feuer wird am Seeufer entzündet.

Feuerwerk am See: der fulminante Abschluss des historischen Festes Pesa Vegia.

Karneval der Schönen und Hässlichen

Der Karneval in Schignano im Val d'Intelvi (→ S. 102), der »**Carneval dei belli e dei brutti**«, ist bei Weitem der ungewöhnlichste am See. Früher zogen die Handwerker des Ortes von Frühling bis Winter aus dem bitterarmen Schignano in die Welt hinaus, in der Hoffnung, wohlhabend zurückzukehren. Diejenigen, die im Karneval als *belli* verkleidet durch das Dorf stolzieren, symbolisieren jene, denen dies gelang. Die zerlumpten *brutti* stellen wiederum die erfolglosen Heimkehrer dar. Sie tragen Kuhglocken und leere Koffer mit sich. Begleitet wird die bunte Schar von einer Gruppe Musikern. Getragen werden hier übrigens bis zu 200 Jahre alte Holzmasken, geschnitzt in Schignano (www.lamascheraschignano.it).

Kastanienfeste

Im Herbst versammelt sich in vielen Orten die Nachbarschaft an langen Bierbänken zum traditionellen Kastanienfest. Musik wird gespielt, es wird getanzt und jede Menge Folklore aufgefahren. Die lokale Spezialität wird über offenem Feuer geröstet und bestgelaunt wird gespeist und getrunken. Für Feinschmecker ist die **Maronensaison** eine hervorragende Gelegenheit, um ungewohnte Gerichte aus den Esskastanien zu kosten.

Zum 100. Todestag von Alessandro Volta 1927 wurde zu Ehren des Physikers in Como ein neoklassizistischer Tempel errichtet, der seine Forschung dokumentiert.

MUSEEN UND GALERIEN

Für seine Museen und Galerien ist der Comer See eher wenig bekannt, trotzdem finden sich bei Regenwetter spannende, häufig regional ausgerichtete Museen.

Kultur und Geschichte

Die Seidenherstellung ließ die Region rund um den Comer See wirtschaftlich aufblühen. Kein Wunder also, dass sich die Museen in Como auch mit Textilien beschäftigen. Das **Museo Didattico della Seta** (→ S. 63), untergebracht in einer alten Seidenspinnerei, erklärt die Seidenherstellung von Anfang bis Ende. Auch das **Museo Studio del Tessuto** (→ S. 67) in der Villa Sucota lohnt den Besuch und zeigt eine imposante Menge an Textilien vom 3. bis zum 20. Jahrhundert, dazu kommen wechselnde Ausstellungen zeitgenössischer Künstler.

In Comos Städtischer Kunstsammlung der **Pinacoteca Civica** (→ S. 63) im Palazzo Volpi liegt der Fokus auf Archäologie und Geschichte. Hier werden Kunstwerke der Region seit der vorrömischen Zeit, aber auch moderne Kunst ausgestellt.

Der kleine Ort Dongo hielt in die Geschichte Einzug, als hier Mussolini gefasst und erschossen wurde. Das **Museo della Fine della Guerra** (→ S. 125) berichtet über das Geschehen.

Für Literaturliebhaber lohnt sich das **Museo Manzoniano** (→ S. 147) in Lecco. Dem Dichter Alessandro Manzoni, der in der Villa Manzoni aufwuchs, ist das Erdgeschoss gewidmet.

In die Vergangenheit taucht man im **Museo Archeologico** (→ S. 148), ebenfalls in Lecco, ein. Funde von der Altsteinzeit bis zum Hochmittelalter sind im Palazzo Belgiojoso ausgestellt.

Naturwissenschaft und Technik

Der Elektrophysiker Alessandro Volta wurde in Como geboren. Ihm zu Ehren werden im **Tempio Voltiano** (→ S. 66) in Como anschaulich und detailverliebt seine Erfindungen ausgestellt und erläutert. Im **Museo di Storia Naturale** (→ S. 148), das im Palazzo Belgiojoso in Lecco untergebracht ist, wird breitgefächert Naturkunde vermittelt. Hier findet man vielerlei Sehenswertes, von Fossilien bis zur zoologischen Sammlung.

Auch das gibt es am Comer See: ein Museum für Motorradfans. Im **Museo Moto Guzzi** (→ S. 146) in Mandello del Lario reihen sich über 150 legendäre, auf Hochglanz polierte Bikes nebeneinander auf. Einem anderen Kult Italiens widmet sich das **Museo del Ciclismo** (→ S. 168), das Museum für Radsport in Magreglio. Berühmte Rennräder, historische Fotos und Dokumente erfreuen dort die Radfans.

Galerien und Kunstmuseen

Zeitgenössische Künstler und eine Sammlung von Gemälden aus dem 17. bis 20. Jahrhundert sind in der **Galleria Comunale d'Arte** (→ S. 148) in der Villa Manzoni in Lecco zu bewundern.

In der kleinen Kunstgalerie **Mr. Savethewall** (→ S. 62) in Como stellt der Künstler seine vom Graffiti inspirierten Bilder aus. Gruppenausstellungen moderner Künstler findet man in der **Galleria Ramo** (→ S. 62), ebenfalls in Como.

In der **Tribal Art Gallery** (→ S. 92) in Cernobbio geht es ganz »unitalienisch« zu – die private Sammlung zeigt Skulpturen und rituelle Gegenstände aus Afrika und Südostasien.

GÄRTEN, WASSER UND DENKMÄLER

Schon vor vielen Jahrhunderten begannen Menschenhände das Ufer des Comer Sees kunstvoll zu formen. Das wird an Denkmälern sichtbar, aber vor allem an den gigantischen Gärten und Parkanlagen der Villen.

Gartenkunst, literarisch verewigt

Rund 1500 Jahre – bis zur Renaissance – sollte es dauern, bis es die Gartenkunst am Comer See auch zu literarischen Ehren brachte. Rund um die Anwesen wuchsen Zypressen, Pinien, Zedern, Palmen, Hortensien und Magnolien. Es war eine Landschaft, die alle berauschte: römische Dichter und Gelehrte wie **Plinius den Älteren** und **Vergil**, französische Schriftsteller wie **Flaubert** und **Stendhal**. Und auch noch im 20. Jahrhundert schwärmte der amerikanische Schriftsteller **Louis Begley** in seinem Roman »Wie Max es sah«: »… wir stehen an den Grenzen der Antike. Dort am anderen Ufer liegt die Villa des jüngeren Plinius. Rechts von dir die mörderischen Alpen … Und hier Weinberge, Bienenhäuser, friedlich grasende Schafe. Ein Paradies für die Gebildeten und Herzensklugen.« Sein Protagonist steht auf den Hügeln von Bellagio.

Wasser als Gestaltungsmittel

Der Sound der parkähnlichen, üppig mit Blumen gestalteten Anlagen der großen Villen ist Wasser: Kleine und große Brunnen, Wasserspiele, Quellen und Bäche begegnen den lustwandelnden Besuchern in den Gärten am Comer See. Erst mit dem Wasser als Stilmittel verwandeln sich die Gärten in eine mondäne, bezaubernde Landschaft mit Blick auf den Lago di Como. Besonders imposant präsentiert sich das **Nymphäum** der Villa d'Este: eine beeindruckende Mischung aus Mosaikmonument, Zypressen und Wasserkaskaden.

Zypressen und kunstvoll geschnittene Bäume, klassische Skulpturen und herrliche Seeblicke prägen die Parkanlage der Villa del Balbianello.

Das grüne Paradies der Villa del Balbianello

In steiler Lage mit gigantischem Ausblick schmückt der Garten der **Villa del Balbianello** an der Halbinselspitze Lavedo den See: steinerne Brüstungen, übereinanderliegende Terrassen, eine wunderschöne Mischung aus großzügigem Park mit kugelrund geschnittenen Bäumen und üppigen Blumenbeeten.

Gartenkunst in und um die Villa Carlotta

Die acht Hektar große Gartenanlage der **Villa Carlotta** ist darauf ausgerichtet, all jenen zu imponieren, die die Villa von der Seeseite passieren. Wer den Garten durchstreift, statt nur vom See aus auf ihn zu blicken, wird sich in den Park verlieben. Orangenbäume, Kamelien, Azaleen- und Rhododendronblüten zieren das Anwesen – die Geradlinigkeit eines englischen Gartens trifft auf üppige Blumenlandschaft. Knapp einen Kilometer von der Villa beeindruckt der öffentliche Park Teresio Olivelli mit altem Baumbestand und schönen Wiesen direkt am See.

Botanisches Juwel: Der Garten der Villa Monastero

Bei der heute als **Museum** genutzten Villa findet sich ein kleines botanisches Wunderland. Am steilen Ufer überlagern sich geschickt die Terrassen, im Garten gedeihen einheimische und

Über einen Kilometer erstreckt sich der schmale, am Hang in Terrassen angelegte Garten der Villa Monastero entlang des Seeufers.

tropische Pflanzen aus der ganzen Welt. Statuen, Säulen und Balustraden verstärken den Eindruck, in eine andere Zeit versetzt zu sein. Besonders schön ist der riesige Magnolienbaum.

Im Rausch der Kamelienblüte

Wenn auf den umliegenden Gipfeln noch die Schneehauben in der Sonne glitzern, leuchten in den tieferen Lagen bereits unzählige rote, rosafarbene und weiße Kamelienblüten. Sie verwandeln die Uferpromenaden, Parks und Gärten in ein Blütenmeer. In Gravedona findet jedes Jahr am Osterwochenende im Palazzo Gallio die **Mostra delle Camelie** statt, eine Ausstellung, auf der viele verschiedene Kamelienarten präsentiert werden. Die schönsten werden prämiert. Ursprünglich kommen die Kamelien aus den ostasiatischen Ländern, wo die Blüten als Symbol für Harmonie gelten. Erst im 19. Jahrhundert fanden sie in Oberitalien Verbreitung. Alexandre Dumas verewigte die Blume in seinem Roman »Die Kameliendame«, der Verdis Oper »La Traviata« als Vorlage diente.

Isola Comacina: Zeugen aus der Römerzeit

Die blutige Geschichte der Insel endete 1169. Lange wurde die Insel gemieden. Heimatforscher und Historiker haben heute allerdings einen Narren an ihr gefressen. Verwitterte Mauerreste weisen auf die römische **Basilika Sant'Eufemia** hin, welche 1914 bei Ausgrabungen zutage gefördert wurden. In den 1950er- und 1960er-Jahren stießen Archäologen auf die Fundamente vier weiterer religiöser Gebäude, auf deren Spuren man sich heute begeben kann.

Ein Kreuz am Straßenrand

Im beschaulichen Ort **Mezzegra** steht ein schwarzes Kreuz am Straßenrand, auf dem in goldener Schrift zu lesen ist: »Benito Mussolini 28 Aprile 1945«. Darüber hängen zwei Fotos. So harmlos, wie es hier präsentiert wird, war der Vorfall selber nicht. An diesem Ort vor der Villa Belmonte wurde der Diktator **Benito Mussolini** hingerichtet, der beim Versuch, mit seiner Geliebten und seinem Gefolge in die Schweiz zu fliehen, geschnappt wurde. Der Eintritt in die italienischen Geschichtsbücher ist Mezzegra damit sicher gewesen.

Rätselhafte Relikte: avelli di Torno

Die wannenförmigen **Felsengräber**, *avelli* genannt, müssen vor Jahrhunderten in den Granit gemeißelt worden sein. Diese eindeutig von Menschenhand geschaffene Form bekommt durch das Regenwasser, das sie mal mehr mal weniger wie eine Badewanne wirken lässt, ihren ganz eigenen Charme. Dabei ist es lediglich eine Spekulation, dass die *avelli* einmal als Gräber fungiert haben. Unweit davon sind einige Findlinge zu entdecken. Mit der Eiszeit begannen die Gletscher zu schmelzen und transportierten mitunter kilometerweit riesige Granitblöcke.

Kurz, steil und wild: der Fluss Fiumelatte

Zwei Kilometer entfernt vom malerischen Ort **Varenna** stößt man auf den kürzesten Fluss Norditaliens. Gerade mal 250 Meter lang, entspringt er im Frühjahr kraftvoll einer Quelle, um wenige hundert Meter weiter in den See zu verschwinden. Dabei stürzt er mit solch einer Wucht herab, dass er mürben Kalkstein herausreißt und sich daraufhin milchig färbt – daher auch der Name: *fiume* (Fluss), *latte* (Milch). Im Herbst hingegen versickert er fast komplett.

FESTKALENDER

März/April
Ostern
In fast allen Ortschaften rund um den See können am Karfreitag die Osterprozessionen bewundert werden.

Mostra delle Camelie
Am Osterwochenende wird die Kamelie alljährlich in Gravedona im Palazzo Gallio gefeiert (→ S. 38). Die verschiedenen Arten kann man in dieser großen Ausstellung bewundern.

Ostermarkt, Como
In Como findet von Gründonnerstag bis Ostermontag ein außergewöhnlicher Ostermarkt statt: die Fiera del Giovedi Santo. Neben hübschem österlichen Kunsthandwerk wird auch viel Kulinarisches angeboten.
Viale Varese, direkt an der Stadtmauer

Mai
Festa dei Fiori, Menaggio
In Menaggio wird mit der Festa dei Fiori, einem liebevoll gestalteten Blütenfest, die Saison eröffnet.

Concorso d'Eleganza, Cernobbio
Lässt die Herzen von Autofans höher schlagen: Der Schönheitswettbewerb für Oldtimer wird in der Villa d'Este veranstaltet.
Ende Mai, www.concorsodeleganzavilladeste.com

Juni
Sagra di San Giovanni, Isola Comacina
Am 24. Juni bzw. am darauffolgenden Wochenende wird auf der Isola Comacina das Johannisfest – die kürzeste Nacht des Jahres – mit großem Feuerwerk und Bootsprozession gefeiert.

Juni/Juli
Lake Como Film Festival
Ende Juni und den ganzen Juli hindurch findet das Festival in Como statt, das sich dem »landscape cinema«, dem Landschaftsfilm, widmet.
www.lakecomofilmfestival.com

Juli
LacMus Festival, Tremezzina
Das internationale Musikfestival begeistert Liebhaber

klassischer Musik mit hochkarätigen Konzerten.

https://lacmusfestival.com

Musica sull'Acqua, Colico

Vor der Kulisse des stimmungsvollen Kreuzgangs der Abtei von Piona bei Colico werden Kammerkonzerte von Klassik bis Jazz veranstaltet.

www.festivalmusicasullacqua.org

Lariofest, Dongo

In der letzten Juliwoche wird in Dongo jeden Abend bei Livemusik und Tanz gefeiert – initiiert vom ehrenamtlichen Rettungsdienst.

www.lariosoccorso.org

August

Ferragosto

Der 15. August (Mariä Himmelfahrt) ist einer der wichtigsten italienischen Feiertage. In verschiedenen Orten werden große Feuerwerke veranstaltet, am Vorabend gibt es in Gravedona ein Fest mit Folklore und Musik. Sehenswert ist die Prozession beleuchteter Schiffe.

Oktober

Sagra delle Castagne

Zur Zeit der Kastanienernte werden auf vielen Dorfplätzen Kastanienfeste gefeiert. Die Kastanien werden in Pfannen auf dem Feuer geröstet.

Dezember

Weihnachtsmärkte und Krippenspiele

In vielen Orten finden Weihnachtsmärkte und Krippenspiele statt. Der größte ist der Mercatino »Città dei Balocchi« (Spielzeugstadt, vom letzten Novemberwochenende bis zum 7. Januar) auf der Piazza Cavour und der Via Plinio in Como. In kleinen Holzhäusern werden Spezialitäten und Kunsthandwerk angeboten. Eine Kunsteisbahn bietet zusätzliche Unterhaltung. Zum Como Magic Light Festival werden Illuminationen installiert (www.citta deibalocchi.it). Eine besondere Attraktion ist die riesige Weihnachtskrippe »Presepe Animato« mit 750 beweglichen Figuren in der Kirche Chiesa della Madonna della Soledad an der Piazza Mazzini in Gravedona. In diesem Ort werden am 24. Dezember um 18 Uhr Hunderte Papierschiffchen mit einer Kerze ins Wasser gesetzt und treiben auf den dunklen Lago hinaus. Sehr stimmungsvoll!

HANDWERK, MODE UND DESIGN

Die Provinzen Como und Lecco gehören zu den ältesten Industriegebieten Italiens. Zahlreich waren einst die Betriebe, die in der Textil- und Holzverarbeitung tätig waren. Doch auch heute noch ist die Region bekannt für ihre Seidenproduktion, die feinste Gespinste hervorbringt, und die Möbelherstellung, die italienisches Wohngefühl vermittelt.

Ein Stoff zum Träumen: Seide

Como ist ein wichtiger Ort für die weltweite Seidenverarbeitung. Anfang des 16. Jahrhunderts ließ einer der Florentiner Medici Maulbeerbäume anpflanzen, die einzige Nahrungsquelle von Seidenraupen. Bald entstand die erste **Seidenmanufaktur**. Ein beliebtes Mitbringsel vom Comer See ist nach wie vor ein Seidenschal oder eine Krawatte, aber auch wer andere Textilien aus Seide kaufen möchte, bekommt in Como ein breites Angebot: Festliche Stoffe und Taschen mit Perlen und Pailletten bestickt – all das und noch mehr findet man bei Mantero, der bekanntesten Seidenmanufaktur (www.mantero.com). Seidentücher und -stoffe, Kaschmirschals und Krawatten, Plaids und Kissen findet man bei Frey, die Shops in Cernobbio, Bellagio und etwas außerhalb von Como haben. Dort ist auch das Outlet (www.frey.it).

Designmöbel

Zwischen Lecco und Como werden traditionell auch Möbel hergestellt. Porada (www.porada.it) etwa produziert hochwertige Möbel aus massivem **Nussholz**. Firmengründer Luigi Allievi begann 1948 mit einer kleinen Produktion von Stühlen in Cabiate, in der Nähe des Comer Sees, die sich durch Handwerkskunst auf höchstem Niveau auszeichnen. Heute entstehen hier nach wie vor zeitlose Kunstwerke.

Wer den Duft von Lavendel mit nach Hause nehmen möchte, kann diverse Lavendelprodukte rund um den Comer See erstehen.

Alles lila – Lavanda del Lago

Der Duft, der über der Piazza Garibaldi in Menaggio und durch die Via Adamao del Pero in Como schwebt, ist tatsächlich zum Mitnehmen. Übersehen kann man das intensive Lila auch nicht. Verkauft wird **Lavendel** in allen Variationen, als schön bestickte Beutelchen mit Monogramm für den Kleiderschrank, Kerzen, Kosmetik, Seifen, Honig, Likör, Sträuße und vieles mehr. Lavendel heilt, beruhigt und entspannt, dafür gibt es diverse Öle. Nur Motten mögen den Geruch im Kleiderschrank nicht (www.lavandadellago.it).

Naturkosmetik L'Erbolario

»Erborare« bedeutet Kräutersammeln, »L'Erbolario« ist eine Kosmetikserie, die auf pflanzlicher Basis hergestellte Produkte umfasst. Gegründet in Lodi bei Mailand, kann das italienische Familienunternehmen bei der Produktion von **Kräuterkosmetik** auf umfangreiche Kenntnisse zurückblicken, die noch von ihren Vorfahren stammen. Alle Cremes, Lotionen und Parfüms sind tierversuchsfrei, allergikerfreundlich und

Einst brachten die Griechen den Olivenanbau mit an den Comer See. Nach einer Pause vom 15.–19. Jahrhundert wurde die Tradition um 1850 wieder aufgenommen.

nachhaltig produziert. Darüber hinaus sind die wunderbaren Düfte und Cremes auch noch relativ günstig zu haben. Die Produkte sind in etlichen Läden in Como erhältlich (→ S. 75).

Olivenhaine am Comer See

Griechische Sklaven kultivierten zur Römerzeit den Boden. Das milde Klima am Hang oberhalb von Lenno machte es möglich, hier **Olivenbäume** wachsen zu lassen. Doch im 15. Jahrhundert wurden die Olivenbauern mit überhöhten Steuern zur Aufgabe gezwungen. Die Ölherstellung lohnte sich nicht mehr, und so schienen die Olivenhaine am Comer See bald der Vergessenheit anzugehören. Erst im 19. Jahrhundert wurde die Produktion wieder aufgenommen. Seit 1850 existiert hier eine Ölmühle, die sich im Familienbesitz befindet. Die alte Tradition wird von den Vanini-Brüdern fortgeführt (→ S. 27). Mittlerweile hat sich deren Olio extra vergine di Olivia Vanini Osvaldo unter Kennern etabliert.

Holzboote nach Maß

In der achten Generation werden in Laglio am Westufer des Comer Sees in der **Cantiere Ernesto Riva** Boote in liebevoller Handarbeit hergestellt. **Daniele Riva** hat die Faszination und Begabung für den Holzbootsbau von seinen Vorfahren geerbt. Sein erstes Boot baute er mit 17 Jahren zusammen mit seinem Vater – und hat seitdem nicht mehr aufgehört. Seine besondere Liebe zum Wasser, zum Holz und zu Booten lässt er in seiner *sciostra*, seiner Werkstatt, freien Lauf.

Man merkt ihm seine Begeisterung für die 250 Jahre alte Firmentradition an – jede Holzplanke wird in **Handarbeit** angefertigt, jedes Boot ist ein Unikat. Er weiß, wem er all das zu verdanken hat: 1771 gründete sein Ur-Ur-Großvater **Giovanni Riva** die Werft. Genau wie damals, so ist auch heute für Daniele der erste Schritt zum Bau eines neuen Bootes die richtige Holzwahl. Geeignete Hölzer sind nach wie vor Eiche, Lärche, Kastanie oder Esche aus regionalem Bestand. Daraus entstehen edle »Jettos 5.3« oder die traditionellen Fischergondeln »Lucie«. Mittlerweile gäbe es so viele alternative Materialien, die sich ebenfalls hervorragend für den Bootsbau eignen würden, doch so etwas wie Fiberglas kommt Daniele nicht unter.

Trotz des alten Handwerks ist bei Riva die Zeit nicht komplett stehen geblieben. Hier wird ebenfalls an innovativen neuen Booten gewerkelt. So entstand unter Danieles Legislatur der E-Commuter »Ernesto«, das erste **Zero-Emission-Motorboot** am Comer See und in ganz Italien. Dabei bleibt Daniele der Riva-Idee treu: Nostalgisches Äußeres aus Holz trifft auf versteckte nachhaltige Technologie.

Daniele Riva liegt der See und die Natur am Herzen. Fast unmerklich für Menschen, schadlos für die Umwelt und dabei immer eine Augenweide – so sollen seine Boote über das Wasser gleiten. Seine Liebe zum alten Handwerk kann spüren, wer ihn in seiner Werkstatt besucht, ihn von Booten reden hört oder ihm bei der Arbeit an seinem nächsten Juwel zuschaut.

KULINARIK

Gut essen und trinken passt in die Landschaft. Ob deftiger Gaumenschmaus oder leichte, innovative Küche – rund um den Comer See wird alles zum Genuss.

Kulinarische Grundlagen

Die Grundlagen der *cucina* am See sind: Speck und Butter, Kastanien- und Pilzgerichte und eine Vorliebe für geschmortes Fleisch. In jedem Restaurant gibt es mindestens ein Risottogericht auf der Karte. Und ohne **Pasta** geht natürlich auch nichts, ob Ravioli, Tortellini oder einfach Spaghetti. Auch die **Polenta** zählt zu den heimischen Spezialitäten, entweder mit Pilzen oder mit zerlassener Butter und geschmolzenem Käse.

Seeküche

Neben diesen eher bodenständigen Gerichten spielt der **Fisch** die Hauptrolle. Süßwasserfische sind typisch für die lombardische Küche. Doch in den letzten Jahren ist die Fischerei am See stark zurückgegangen. Daher werden viele Fische, die auf der Speisekarte stehen, mittlerweile gezüchtet. Gefangen werden *lavarello* (Blaufelchen) und *persico* (Flussbarsch), aus den umliegenden Flüssen oder Zuchtbetrieben stammen verschiedene Forellenarten. Sehr beliebt sind *missoltini* (Agone, eine Heringsart) aus dem See. Sie werden im Frühjahr und Herbst gefangen, eingesalzen, an der Sonne getrocknet und dann in Holzfässchen mit Lorbeerblättern gepresst, in die sogenannten *missolte*, die dieser Spezialität ihren Namen geben. Sie werden entweder kalt gegessen oder gegrillt, mit Öl, Essig oder etwas Zitronensaft angemacht, dazu wird meist Polenta gereicht.

Für alle Fischfans ein Traum ist es, den in der Nacht oder am frühen Morgen gefischten Fisch fangfrisch auf den Teller zu bekommen. Restaurants mit der Bezeichnung »**Ittiturismo**«, »Fischertourismus«, sind genau darauf spezialisiert, ihr Markenzeichen ist ihre Leidenschaft zum See und zum Produkt.

Der Bergkäse Bitto, der bereits seit dem Mittelalter hergestellt wird, besteht aus Kuhmilch, die direkt nach dem Melken in den Almhütten verarbeitet wird.

Spezialität Bergkäse

Typisch für den Comer See ist der Käse **Bitto**. Er gilt als König der Bergkäse und kommt aus dem Valtellina und dem Val Gerola. Nur hier in der Provinz Sondrio und in einigen Nachbargemeinden darf er hergestellt werden. Im Sommer grasen die Kühe auf den Almweiden und Bergwiesen. Das frische Futter, reich an Blumen und Kräutern, bringt einen aromatischen Geschmack und einen hohen Fettgehalt in die Milch, die sofort nach dem Melken in den Almhütten verarbeitet wird. Bitto wird besonders gern zu Polenta mit Butter gegessen. Nach der Weidesaison werden die Bittolaibe ins Tal transportiert. Mindestens 70 Tage müssen sie reifen, es können aber auch bis zu zehn Jahre werden. Der Geschmack ist würzig und pikant, das Aroma wird mit zunehmender Reife immer intensiver. Im September finden in den Bergdörfern »Sagre del Bitto« statt, bei denen man den Käse probieren kann.

Brot und Service

Auf den Preis wird in Restaurants meist noch *pane e coperto* aufgeschlagen, etwa 2 € pro Person für den gedeckten Tisch und das Brot. Fast alle Lokale haben von 12–14.30 und ab 18.30 oder 19 Uhr bis 22 oder 22.30 Uhr Küche. Nur dort, wo es anders ist, wird es im vorliegenden Band vermerkt.

Hobbyangler, die auf erfolgreichen Fang warten, sieht man viele am See, die Zahl der Berufsfischer ist hingegen über die Jahrzehnte stark zurückgegangen.

ALESSANDRO SALA

Einer der letzten Berufsfischer am Comer See

»Mein Tag fängt immer sehr früh an«, erzählt Alessandro Sala. Morgens um 3 Uhr bringt sein Labrador Ice ihm seinen Bootsschlüssel, und gemeinsam fahren sie hinaus auf den See. Vor Bellagio zieht der Fischer dann stundenlang seine Netze ein und überprüft die Fische, die er fängt. »Lavarello, Corregone und Agone sind die wichtigsten Fische aus dem See. Aus dem Agone macht man die berühmten *missoltini*.« Und bei Sandro, wie seine Mama Graziella ihn gerne nannte, kommen nur nachhaltig gefischte Agone an Land. »Nachhaltiges Fischen bedeutet, dass du die Fische erst im Alter von drei Jahren fängst. Auch deswegen ist es wichtig, dass die Maschen der Netze unterschiedliche Größen haben. Ich habe verschiedene Netze für Barsche, Zander und Agone.«

Sandro fährt zweimal am Tag raus auf den See. Dabei ist nicht jeder Tag wie der andere. »Vor zehn Jahren hab ich eine Forelle gefangen, die neun Kilo gewogen hat. Der Fisch war so riesengroß, als ich den hoch genommen habe, fühlte es sich an, als hätte ich ein Kind im Arm.«

Trotzdem gibt es weniger professionelle Fischer auf dem Lago di Como als in früheren Zeiten. Um den Fischbestand im See stabil zu halten, sind mittlerweile auch nur mehr maximal 80 Berufsfischer erlaubt. Und es gibt strenge Richtlinien für **nachhaltiges Fischen**. Alessandro erklärt: »Momentan ist die Jahreszeit, wo man keinen Barsch fangen darf. Man sieht ihnen auch an, dass sie kurz vor der Laichzeit sind. Es ist wichtiger, dass die Barsche laichen, als dass man nur einen einzelnen dicken Fisch mit nach Hause nimmt.«

Sandro stammt aus einer Fischerfamilie und war schon als Kind zusammen mit seinem Vater Rino mit dem Fischerboot unterwegs. Wenn Sandro die Zeiten vergleicht, als er noch mit seinem Vater auf Fischfang ging und wie er heute alleine mit seinem Hund aufs Wasser hinausschippert, fällt vor allem eines auf: Er ist inzwischen der einzige Fischer vor **Bellagio**. »Früher hat es Boote gegeben, wo zwei, drei Fischer darauf waren, weil man zusammen fischte«, erinnert sich Alessandro. »Dabei ist es nach wie vor lohnenswert, im See zu fischen.« Dies liegt auch an der **Qualität** des Wassers. Alessandro meint: »Das Wasser des Lago di Como wird immer besser, seitdem beschlossen wurde, dass das Wasser, das dem Lago zugeführt wird, immer gereinigt werden muss. Dazu kommt, dass der Lago di Como unglaubliche Wassermengen aufnimmt, die von den Bergen hinunterfließen. Und es gibt keine großen industriellen Anlagen um den See herum.«

Ihren fangfrischen Fisch serviert die Familie Sala im kleinen Betrieb im **Ristorante Mella** (→ S. 166) in San Giovanni, einem Ortsteil von Bellagio, wo Fischerei und Gastwirtschaft eine perfekte Kombination bilden. Dort kommt italienische Hausfrauenkost auf den Tisch, serviert von Sandros Frau Rosy: Spaghetti mit Fischragout, frittierter oder gegrillter Fisch, Terrinen und *missoltini* – traditionelle Küche eben.

KULINARISCHES LEXIKON

aceto: Essig
acqua: Wasser
aglio: Knoblauch
agnello: Lamm
agnolotti: kleine gefüllte
Ravioli
amaretti: Bittermandel-
makronen
anatra: Ente
aperitivo: Aperitif
arancia: Orange
arrosto: Braten
asparagi: Spargel

bibita: Getränk
birra: Bier
biscotto: Keks
bistecca ai ferri: Schnitzel
vom Grill
bocconcini: Gulasch
bollito: gekochtes
Rindfleisch
bottiglia: Flasche
brasato: gespickter
Rinderbraten
brasato con polenta:
Rinderschmorbraten
mit Maisbrei
bresaola: luftgetrocknetes
Rind- oder Gämsenfleisch
brodo: Fleischbrühe
burro: Butter

caprese: Mozzarella und
Tomaten
capretto: Zicklein
capriolo: Reh
carciofi: Artischocken
carne: Fleisch
castagne: Kastanien
ceci: Kichererbsen
cinghiale: Wildschwein
coniglio: Kaninchen
coregone: Felchen
(Flussfisch)
cotoletta: Kotelett, Schnitzel
crostata: Obsttorte

dolce: süß, Süßspeise

fagiolini: grüne Bohne
fegato: Leber
finocchio: Fenchel
foccaccia: Brot mit
Olivenöl, belegt mit
Tomaten, Zwiebeln
formaggio: Käse
forno (al): im Ofen gebacken
fragola: Erdbeere
frittata: Omelett
fritto misto: gebackene
Fische, Fleisch, Gemüse
frutti di mare:
Meeresfrüchte
funghi porcini: Steinpilze

galletto: Hähnchen
gallinacci: Pfifferlinge
gelato: Eis
ghiaccio: Eiswürfel

insalata: Salat
  – **mista:** gemischter Salat
  – **verde:** grüner Salat
involtini: kleine Roulade

latte: Milch
lavarello: Felchen
limonata: Limonade
limone: Zitrone

maiale: Schwein
mandorla: Mandel
manzo: Rindfleisch
merluzzo: Kabeljau
miascia: Brotkuchen
  mit Obst
miele: Honig
minestrone: Gemüsesuppe
missoltini: Agone,
  eine Heringsart

nocciola: Haselnuss
nocino: Nusslikör

olio: Öl
ossobuco: Kalbshaxe

pane: Brot
panino: Brötchen, belegtes
  Brot, Sandwich
panna: Sahne
patate: Kartoffeln

pepe: Pfeffer
persico: Flussbarsch
pesce: Fisch
pesce in carpione:
  Fisch mit einer
  Gemüse-Essig-Marinade
piccante: scharf gewürzt
polenta: Maisbrei
pollo: Huhn
porcini: Steinpilze
prosciutto: Schinken

ragù: Ragout, Fleischsoße

sale: salz
salsiccia: würzige
  Schweinswurst
salumi: Wurst
scaloppina: Kalbsschnitzel
spezzatino: Gulasch
spremuta: frisch
  gepresster Saft
spiedo, spiedino:
  Spieß(-chen)
succo di frutta: Fruchtsaft

tartufo: Trüffel, Trüffeleis
trota: Forelle

uovo: Ei
uva: Trauben

verdura: Gemüse
vino: Wein
vitello: Kalb

zuppa: Suppe

SPORT

Wer seinen Urlaub aktiv genießen möchte, hat in, auf und rund um den Comer See vielerlei Möglichkeiten – und diese stets vor traumhafter See- und Bergkulisse.

Schwimmen, Segeln und Surfen

Das Hauptaugenmerk richtet sich natürlich auf den See. Die **Wassersportangebote** sind zahlreich, ob Segeln, Windsurfen, Kanufahren, Tauchen oder Wasserskilaufen. Auch Motorboote sind überall auf dem See zu finden und können ausgeliehen werden. Und das ganz ohne Bootsführerschein, denn Boote bis zu 40 PS dürfen in Italien von jedem gefahren werden. Der Comer See ist nicht unbedingt ein Badesee, obwohl die Wassertemperatur von Juni bis Anfang Oktober zwischen 20 und 24 Grad liegt. Doch die Wasserqualität im südlichen See ist nicht optimal, und es gibt auch kaum Strände. Allein nördlich von Menaggio und bei Bellagio ist das **Baden** unbedenklich. Hier gibt es einige schöne Kieselstrände und sogar den einen oder anderen Sandstrand. Im Süden findet sich in den meisten Orten ein Lido mit Pool am See. Segelschulen gibt es im Norden des Sees, wo die besten Winde wehen, ebenso Windsurfschulen mit Surfbrett-Verleih. Die besten Jahreszeiten zum Segeln auf dem Comer See sind das Frühjahr und der Herbst.

Wandern als Herausforderung

Der Comer See ist von einem herrlichen Wandergebiet umgeben. **Bergwanderer** finden ideale Bedingungen für ausgedehnte Touren auf vielen Tausend Kilometern markierter Wanderwege. Etwa 160 abwechslungsreiche Wanderwege in jeder Schwierigkeitsstufe stehen rund um den See und in den dahinter liegenden Bergen und Tälern zur Wahl. Diverse Wanderführer machen Vorschläge für vielfältige Touren, auch die Touristenbüros helfen gern weiter. Anhänger des **Klettersports** finden hier ebenfalls genügend Raum für Aktivitäten.

Dank der verlässlichen Winde, die vor allem im Norden des Comer Sees wehen, finden die Segler unter den Aktivurlaubern perfekte Bedingungen.

Bei Lecco gibt es den Klettergarten Torrette, außerdem die Reviere Vaccarese, Zucco dell'Angelone und Corna di Medale. Großartig ist auch die Via Ferrata del Centenario bei Menaggio. Im Sommer sind die steilen Hänge auch für **Drachenflieger** und **Paraglider** ein Paradies.

Mountainbike und andere Zweiräder

Mit dem Mountainbike lassen sich am Comer See sehr schöne Touren unternehmen. Im Hinterland ergeben sich viele Möglichkeiten für rasante Abfahrten. Die Touristenbüros haben einige **Routen** dafür zusammengestellt. Die bergige Landschaft stellt eine Herausforderung für jeden leidenschaftlichen Mountainbiker dar. Steil und kurvig sind die Wege und versprechen einen besonderen Fahrspaß kombiniert mit großartigem Naturerlebnis. Für weniger sportliche Radfahrer, die in Seenähe unterwegs sein wollen, bieten die Uferstraßen hingegen kein großes Vergnügen, denn es gibt keine ausgewiesenen Radfahrwege, und zumindest die Via Regina ist stark befahren.

…und den Wintersport nicht vergessen

Im Winter gibt es im Hinterland genügend sportliche Herausforderungen für **Skiläufer** und **Snowboarder**: in Valsassina, in Valchiavenna, am Pian delle Betulle und an den Piani di Bobbio.

Die untergehende Sonne lässt Comos Dächerlandschaft und die imposante Domkuppel in mildem Abendlicht erstrahlen.

UNTERWEGS
AM COMER SEE

COMO

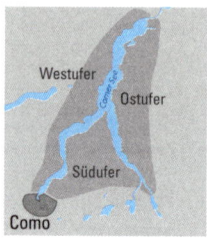

Como lockt die Besucher mit einer atemberaubenden Kulisse. Die größte Stadt am See ist ein lebendiges Handelszentrum, aber auch ein mit Kunstdenkmälern gesegneter Ort. Sie lädt zu einem Bummel durch die Altstadt oder auf die Spuren der Seidenherstellung ins Museo della Seta.

Von der Aussichtsplattform des Leuchtturms Faro Voltiano in **Brunate**, dem Ort oberhalb von Como, schweift der Blick über die Stadt zwischen See, Bergen und flachem Land. Como ist vom Vermächtnis der Römerzeit und vom Wohlstand der Seidenindustrie geprägt. Ab dem 16. Jh. produzierte man hier den begehrten Faden. Die Seidenraupenzucht wurde irgendwann zu teuer, der Rohstoff kommt heute aus Fernost – doch noch immer boomt das Geschäft mit dem edlen Gewebe: 70 Prozent der europäischen **Seidenverarbeitung** finden in und um Como statt. Die Manufakturen der Stadt beliefern namhafte Designer, verkaufen ihre Kreationen aber auch vor Ort.

Como entstand vor mehr als 2000 Jahren. Der erste große Ausbau der Ansiedlung geht auf Julius Caesar zurück: Dieser versah **Novum Comum**, wie die Stadt damals hieß, mit dem Mauergürtel, der die »città murata« abgrenzt, noch heute zu sehen an der Porta Torre. Mauern und Türme werden in den späteren Jahrhunderten verstärkt, bis die Stadt im zehnjährigen Krieg mit Mailand 1127 eingenommen und zerstört wird. Der Wiederaufbau unter Kaiser Barbarossa folgt dem Grundriss der römischen Anlage. Reste dieser Befestigung sind unter der mittelalterlichen Stadtmauer erhalten. Lange haben sich die Bauvorhaben daran orientiert, erst zwischen 1935 und 1967 wurde massiv in die alte Struktur eingegriffen. Heute steht die »città murata« unter Denkmalschutz. Etwa drei Viertel der Gebäude stammen aus der Zeit vor 1760, die Hälfte davon wurde sogar vor dem Jahr 1600 erbaut.

Blick auf das Bogenfeld über dem Hauptportal des Doms in Como.

Die von mittelalterlichen Stadtmauern umgebene **Altstadt** ist beeindruckend authentisch und bildet mit Dom und Broletto an der **Piazza Duomo** einen der schönsten Baukomplexe der Lombardei. Außerdem schmückt eine ganze Reihe von Baudenkmälern die Straßenzüge der »città murata«. Sie protzt mit eleganten Laubengängen, Bürgerhäusern und Renaissancepalästen. Im Labyrinth der malerischen Gassen locken zudem Cafés, Restaurants, Boutiquen und Designershops.

COMO B5

85 000 Einwohner
Stadtplan → S. 59

Sehenswertes

MERIAN TOP 10

❶ PIAZZA DUOMO

Der **Dom Santa Maria Maggiore** gehört zu den beeindruckendsten Kirchen Oberitaliens, er ist einer der letzten Sakralbauten der italienischen Gotik. Und doch hat er eine komplizierte, mit dem Namen vieler Comasker Baumeister und

SEHENSWERTES

1. Piazza
   Duomo ★
2. Casa del
   Fascio
3. Basilica di San
   Fedele
4. Galleria Ramo
5. Mr. Savethewall
6. Pinacoteca
   Civica
7. Torre di Porta
   Vittoria
8. Museo
   Didattico
   della Seta ★
9. Basilica
   di San
   Carpoforo
10. Basilica di
    Sant'Abbondio
11. Piazza Volta
12. The Life
    Electric 👁
13. Novocomum
14. Tempio
    Voltiano
15. Villa Olmo
16. Museo Studio
    del Tessuto

ÜBERNACHTEN

1. Rumi Rooms
2. Palace

ESSEN UND TRINKEN

3. I Tigli in
   Theoria
4. Gelateria
   Lariana
5. Pepe Nero
6. Il Piatto della
   Salute
7. La Colombetta
8. The Market
   Place

EINKAUFEN

9. Tessabit Plinio
10. In Seta
11. dep design
    store
12. La Torteria
13. Coin
14. Beretta 🚩
15. Santa Maria
    Novella
16. L'Ora della
    Pasta
17. Libreria Andreoli
    Rita
18. Salumeria
    Castiglioni
19. L'Erbolario
20. Markt in Como
21. Il Mercato
    Coperto

ABEND-GESTALTUNG

22. Vintage
    Jazz 🚩
23. Teatro
    Sociale 🚩
24. Fresco Cocktail
    Shop

Como

Cernobbio, Moltrasio
Blevio, Nessa

16 Museo Studio del Tessuto

Cappella di Bignanico

Como Nuoto

Associazione Villa Del Grumello Fondazione Alessandro Volta

Punta Geno
Villa Geno

Convento ossiane

Lido Villa Olmo

Villa Olmo

Parco di Villa Olmo

15

Lago di Como

Chiesa di S. Salvatore

Chiesa di San Giorgio

Monumento ai Caduti

The Life Electric **12**

Tempio Voltiano **14**

Sant'Agostino

Piazza Funicolare

Stazione Pza. A. de Gasperi

Stadio Sinigaglia

Palazzo del Borgo

Novocomum

13

Piazzale Santa Teresa

Università dell' Insubria

Como Lago

Piazza Roma

Casa del Fascio **2**

San Giuliano

11

4 10

22 21 1 12 13 14 6 15

Piazza Cavour

Pza. Duomo

Duomo **1**

Teatro Sociale

Piazza del Popolo

23

Stazione di Como San Giovanni

Piazzale San Rocchetto

Santa Maria di Loreto

7 16

Basilica di San Fedele

Municipio

3

Museo Civico del Risorgimento

Galleria Ramo

Prefettura

17

Pinacoteca Civica

8 18

6 19

S. Donnino

20

Mr. Savethewall **5**

Santa Cecilia

Sant' Orsola

Santuario del Crocifisso

Torre di Porta Vittoria **7**

Piazza Vittoria

21

Mercato Coperto

Staz. F.N. Borghi

Ponte Caprino

300 m

RIAN-Kartographie

Basilica di Sant'Abbondio **10**

Basilica di San Carpoforo **9**

Castello Baradello, Cucciago, Cantu'Asnago

Piazza S. Bartolomeo

S. Bartolomeo

Fino Mornasco, Grandate, Zappa

Museo Didattico della Seta (Seidenmuseum) **8**

Die Kuppel kam im Laufe der langen Baugeschichte des Doms von Como als letztes Element hinzu und ist stilistisch dem Spätbarock zuzuordnen.

Bildhauer verbundene Baugeschichte. Schon der erste Baumeister des Domes, Lorenzo degli Spazzi, kam übrigens aus dem Val d'Intelvi (→ S. 102) – bekannt dafür, große Künstler hervorzubringen. Im 14. Jh. begann der Bau und endete mit der Errichtung der schlanken achteckigen **Kuppel**, in den Jahren 1731–1744 geschaffen von Filippo Juvarra, dem größten italienischen Architekten des 18. Jh. Alle Baustile dieser Jahrhunderte sind im Duomo vereint – eine reizvolle Kombination: Mit seiner Westfront weist er sich als gotisches Bauwerk aus. Seine Kuppel, die die Stadtsilhouette krönt, und der prunkvolle Innenraum lassen ihn jedoch als Werk der Renaissance erscheinen.

Bevor man den Dom betritt, sollte man unbedingt die Frontseite betrachten. Die **Fassade** gehört zu den Meisterleistungen der lombardischen Frührenaissance. Rechts und links neben dem Hauptportal überraschen die großen Figuren von Plinius dem Älteren und dem Jüngeren. Diese von den Brüdern Rodari um 1513 geschaffenen Skulpturen zeugen mit ihren ausdrucksstarken Gesichtern von der gestalterischen Auffassung der Renaissance. Auch die Madonna mit vier Heiligen über dem Portal sowie die Nischenfiguren über und neben der Fensterrose sind Werke der Brüder Rodari.

Hat man sich an die Dunkelheit im **Inneren** des Doms gewöhnt, faszinieren die 75 m hohe Kuppel, die Apsis und das Querschiffgewölbe im Stil der Renaissance. Gotisch sind die drei durch zehn Kreuzpfeiler getrennten Schiffe mit ihren flachen Kreuzrippengewölben. Von goldenen Altären lächeln Madonnen, an den Wänden verdienen flämische und Florentiner Gobelins eine nähere Betrachtung, ebenso wie im rechten Seitenschiff die Altarbilder von Bernardino Luini: »Anbetung der Könige« und eine »Sacra Conversazione«.

Zwischen dem Dom und dem klobigen Glockenturm fällt der zierliche **Broletto** ins Auge, das ehemalige Rathaus der Stadt. Dieses frühgotische Gebäude stammt aus dem Jahr 1215 und erinnert mit seiner schwarz-weiß-roten Marmorfassade an toskanische Vorbilder. Das Erdgeschoss bildet eine vierachsige Loggia, das Obergeschoss zieren schön proportionierte Fenster. Der kleine Balkon ist eine Zugabe des 15. Jh. Im 16. Jh. musste ein Teil des Gebäudes der Erweiterung des Dombaus weichen. Genutzt wurde der Broletto als Theater, später als Archiv und heute für Veranstaltungen und Ausstellungen.

> »Man mag sich immer geschworen haben, keine Kunstwerke mehr zu sehen – in Italien gibt es überall welche – und diese kleine Stadt hat solch einen schönen Dom!«
> Hippolyte Taine (1828–1893, französischer Philosoph und Historiker bei seinem Besuch von Como)

Piazza Duomo | www.cattedraledicomo.it | Mo–Fr 9.30–17.30, Sa 10.45–16.30, So 13–16.30 Uhr | Eintritt frei

② CASA DEL FASCIO

Die Casa del Fascio gilt als Meisterwerk des italienischen Rationalismus. Der Architekt Guiseppe Terragni entwarf sie 1932, im Jahr 1936 wurde sie fertiggestellt. Die klaren Linien und die Wahl des Materials – weißer Marmor – sind typisch für diese Architekturform. Terragni war ein Verehrer von **Mussolini** und stand auf der Seite der Faschisten. Er designte dieses Gebäude, um der lokalen Abteilung der Nationalen Faschistischen Partei Mussolinis einen »gebührenden« Sitz zu schaffen – daher auch der Name: Casa del Fascio, Haus der Faschisten. Mit diesem Gebäude konnte sich die Partei optimal in Szene setzen. Der Platz vor dem Haus, die Piazza del Popolo, war eigens für Massenkundgebungen der Partei entstanden. Seit 1957 ist die Casa del Fascio Sitz der Guardia di Finanza.

Piazza del Popolo 4

❸ BASILICA DI SAN FEDELE

Die Basilika aus dem 12. Jh. gilt als eine der schönsten Kirchen der Stadt. Ihr ungewöhnlicher **Grundriss** hat Forscher lange beschäftigt, die sowohl byzantinische als auch mailändische Einflüsse entdeckten. Drachen, Dämonen und archaische Engel schmücken den östlichen Eingang. Interessant ist auch die Apsis mit spätmittelalterlichen Fresken, die einen schönen Kontrast zum Grau der Chorwände darstellen. Vor der Basilica di San Fedele soll an dieser Stelle die frühchristliche Kirche **Sant'Eufemia** gestanden haben. Wie bei Gotteshäusern früher durchaus üblich, wurde der Vorgängerbau auf einem heidnischen Tempel errichtet, um deren Götter ein für allemal zu verdrängen. An der Piazza vor der Kirche stehen die ältesten Häuser Comos aus unterschiedlichen Epochen.

Via Vittorio Emanuele II 94 | tgl. 8.30–12, 15.30–19 Uhr

❹ GALLERIA RAMO

Seit 2018 präsentieren engagierte Kuratoren Werke aufstrebender junger Künstler in der Galleria Ramo und widmen ihnen wechselnde Ausstellungen. Wer sich für **aktuelle Kunst** interessiert, sollte hier vorbeischauen!

Via Natta 31 | www.galleriaramo.com | Mi–Sa 11–18 Uhr

❺ MR. SAVETHEWALL

In der kleinen Kunstgalerie stellt der **Street-Art-Künstler** seine vom Graffiti inspirierten Bilder aus. Mr. Savethewall bleibt dabei seinem Namen treu: auf Wänden sprayt er nicht, sehr wohl aber auf unterschiedlichen Materialien.

Via Giovio 7 | www.savethewall.it | Di–Sa 10–12.30, 15–19.30, So 16–19.30 Uhr

In der Basilica di San Fedele ist neben dem Altarbild ein Fresko aus dem 17. Jahrhundert zu bewundern, das die Anbetung der Heiligen Drei Könige darstellt.

6 PINACOTECA CIVICA

Die Städtische Kunstsammlung im **Palazzo Volpi** zeigt Werke aus der Region: von der Bildhauerei aus der vorrömischen und römischen Zeit bis zu Fresken aus dem untergegangenen Kloster Santa Margherita. Auch Kunst des 20. Jh. ist ausgestellt.

Via Armando Diaz 84 | https://lakecomotravel.com/pinacoteca-civica | Di–So 10–18 Uhr | Eintritt 4 €

7 TORRE DI PORTA VITTORIA

Der 40 m hohe Turm wurde zusammen mit den erhaltenen Türmen Torre di San Vitale im Osten und Torre di Porta Nuova im Westen im ausgehenden 12. Jh. errichtet.

Piazza Vittoria

MERIAN TOP 10

8 MUSEO DIDATTICO DELLA SETA

Seit 1990 existiert das **Seidenmuseum**, das in einer alten Seidenspinnerei untergebracht ist. Es zeigt in anschaulicher Weise den Ablauf der Seidenherstellung. Webstühle und antike

Die Basilica di Sant'Abbondio liegt außerhalb der antiken Mauern von Como und fällt durch ihre schlanke Form, die Zwillingstürme und die schlichte Fassade auf.

Maschinen sind hier ebenso ausgestellt wie ein chemisches Labor und eine Farbenküche. Die Produktion von Seide hat Tradition in Como: Schon während der Renaissance wurden Seidenraupen gezüchtet. 1510 baute Pietro Boldone aus Bellano, der die Seidenweberei in Venedig erlernt hatte, den ersten Webstuhl in Como auf. Mitte des 18. Jh. gab es an die 250 Seidenspinnereien; der edle Stoff wurde zum wichtigsten Exportartikel. Als sich die Zucht nicht mehr rentierte, wurde Rohseide aus Asien importiert, und die ansässigen Betriebe konzentrierten sich auf die Verarbeitung.

Via Castelnuovo 9 | www.museosetacomo.com | April–Okt. Di–So 10–18 Uhr | Eintritt 10 €, erm. 4 €

🄯 BASILICA DI SAN CARPOFORO

Außerhalb der Altstadt lohnt San Carpoforo einen Besuch. 1025 von San Felice, dem ersten Bischof von Como, erbaut, war das Gotteshaus die erste **Kathedrale** in Como. In dem spätromanischen dreischiffigen Bau beeindruckt die unter dem erhöhten Chor angeordnete Hallenkrypta mit ihren granitenen Säulen. Der Legende nach wurde die Basilika an der Stelle errichtet, wo sich ein römischer Merkurtempel befand, zuvor fanden hier schon seit dem 4. Jh. christliche Gottes-

dienste statt. Um 724 befahl Liutprando, König der Langobarden, die Kathedrale zu erweitern. Im 11. Jh. bauten Benediktinermönche einen Glockenturm. In der Krypta werden die Gebeine des heiligen Felix verwahrt, des Gründers der Kirche.
Via San Carpoforo

⑩ BASILICA DI SANT'ABBONDIO

Außerhalb der »città murata« im westlichen Teil der Stadt liegt dieser fünfschiffige Bau, der im 11. Jh. mit stereometrischer Strenge errichtet, aber fast 800 Jahre lang umgebaut wurde. So sieht man normannische und burgundische Stilelemente an diesem romanischen Bauwerk, das von zwei hohen Glockentürmen flankiert wird. Im Inneren sind Apsisfresken aus dem 14. Jh. zu bewundern. 1974 wurde die Basilika von der Stadt erworben. Das Kloster wurde saniert und ist heute Sitz der Juristischen Fakultät der Universität Insubria. Der Besuch der Basilika stellt eine schöne Alternative zum Dom dar, der im Hochsommer von Touristenströmen überlaufen wird.
Via Regina Teodolinda 35 | www.santabbondio.eu | tgl. 7–18.30 Uhr

⑪ PIAZZA VOLTA

In der Mitte der Piazza erhebt sich Alessandro Volta auf einem hohen Sockel und blickt auf die umliegenden Paläste herab, in denen sich heute kleine Hotels, Läden und Restaurants befinden. 1838 – elf Jahre nach Voltas Tod – wurde das **Denkmal** vom italienischen Bildhauer Pompeo Marchesi errichtet. Volta, 1745 als Sohn einer reichen Familie in Como geboren, war schon als 20-Jähriger Professor am städtischen Gymnasium und lehrte fünf Jahre später an der Universität in Pavia. Er gilt als Begründer der Elektrizitätslehre und erfand die Batterie.

IM VORBEIGEHEN ENTDECKT

⑫ THE LIFE ELECTRIC

Eine Hommage an den Wissenschaftler Alessandro Volta nennt Stararchitekt Daniel Libeskind seine gut 14 m hohe **Stahlskulptur** auf dem See – von den Polen einer Batterie sei sie inspiriert. Lange hat man in Como über dieses Projekt gestritten; zu modern erschien es vielen, selbst per Petition wollte man es stoppen. Doch im Sommer 2015 wurde das Ensemble schließlich eingeweiht. Über eine lange Mole gelangt man von den Giardini di Tempio Voltiano hinter der Uferpromenade zu dem Denkmal mitten in der Bucht. Von der Plattform bietet sich eine wunderbare Aussicht.

Diga Foranea

⓲ NOVOCOMUM

Giuseppe Terragni (1904–1943), einer der wichtigsten Wegbereiter der modernen Architektur in Italien, baute in den Jahren 1927–1929 dieses **Wohnhaus**. Es gilt als erstes Beispiel für den italienischen Rationalismus. Als Terragni 1927 zusammen mit seinem Bruder ein eigenes Büro eröffnete, waren sie beeinflusst von Bauten der niederländischen Künstlervereinigung de Stijl, vom deutschen Bauhaus, vom Schweizer Architekten Le Corbusier und dem Russen Melnikow. Das Novocomum ist mit dem in einen Kubus gesteckten Zylinder und den über dem Halbrund auskragenden Würfelformen eine Paraphrase der Moskauer Melnikow-Gebäude. Da Terragni nicht nur souverän mit den Meistern der internationalen Moderne wetteiferte, sondern auch ein glühender Anhänger der Propaganda Mussolinis war, galt er lange als umstritten. Von ihm stammt etwa auch die Casa del Fascio in Como (→ S. 61). Das Novocomum hat fünf Stockwerke mit acht Wohnungen pro Etage. Über www.airbnb.de kann man sich hier einmieten.

Viale Giuseppe Sinigaglia 1

⓳ TEMPIO VOLTIANO

Der neoklassizistische Volta-Tempel direkt am See wurde zu Ehren des in Como geborenen Wissenschaftlers und Erfinders der Batterie Alessandro Volta 100 Jahre nach dessen Tod errichtet, er dient als **Museum** des berühmten Sohns der Stadt. In den Schaukästen sind Erinnerungsstücke Voltas zu sehen, und seine Forschung ist akribisch dokumentiert.

Viale Guglielmo Marconi 1 | Di–So 10–18 Uhr | Eintritt 4 €, erm. 2 €

Wer in Como ein extravagantes Quartier beziehen möchte, kann sich in eine Ferienwohnung im Wohnhaus Novocomum einmieten.

⓯ VILLA OLMO

Einer Ulme verdankt die Villa am westlichen Seeufer ihren Namen. Plinius der Jüngere soll sie gepflanzt haben. An ihrer Stelle entstand der Bau in den Jahren 1782–1797 für den Marchese Innocenzo Odescalchi. Erst 100 Jahre später erhielt der **Palast** sein heutiges Gesicht: Klassizismus in Formvollendung, umgeben von einem Park. Auch das Innere ist verschwenderisch mit Spiegelsaal und kleinem Theater, Fresken und Stuck ausgestattet. Der **Garibaldi-Saal** erinnert an den italienischen Freiheitshelden, der hier mit der Tochter des damaligen Besitzers, des Marchese Raimondi, 1859 eine tragische Liebesaffäre begann. Weitere berühmte Gäste waren Napoleon und Metternich. Seit 1924 befindet sich die Villa im Besitz der Stadt Como und wird für Veranstaltungen, Ausstellungen und Kongresse genutzt.
Via Bellinzona 2 | nur während der Ausstellungen geöffnet, Mo geschl.

⓰ MUSEO STUDIO DEL TESSUTO

Samt, Seide, Baumwolle und vieles mehr: In der **Villa Sucota** lohnt die als Multimediapräsentation gestaltete Sammlung des Textilindustriellen und Kunstmäzens Antonio Ratti (1915–2002) den Besuch. Über 400 000 Exponate sind zu bewundern.
Via per Cernobbio 19 | www.fondazioneratti.org | Mo–Fr 10–13, 14.30–17.30, im Sommer auch Sa, So 11–18 Uhr (Aug. geschl.) | Eintritt frei

Gediegen und stilvoll präsentiert sich das Hotel Palace mit Domblick auf der einen und Aussicht auf den See und die Alpen auf der anderen Seite.

Übernachten

① *Wunderbar familiär*
RUMI ROOMS

Das historische Haus von 1200, in einer kleinen Gasse gelegen, bietet vier charmante Zimmer, jedes mit abgewandeltem Interieur, dabei stets auf dem neuesten Stand mit allerlei Komfort. Versteckt im Hinterhof befindet sich das hauseigene Restaurant und eine Latteria mit italienischen Delikatessen. Hier erlebt man Urlaub im italienischen Zuhause im Herzen von Como.

Via Muralto 39 | Tel. 031/2 07 23 56 | www.rumirooms-como.com | 4 Zimmer | €€

② *Domblick*
PALACE

Das Palace liegt an der Seestraße, etwas zurückgesetzt hinter einem kleinen Park. 1904 eröffnet, war es das erste Hotel in Como mit fließendem Wasser. 2014 wurde es umfassend renoviert; besonders gelungen ist die Wanddekoration, die an die Seidentradition Comos erinnert. Man hat die Qual der Wahl: Zimmer mit Seeblick oder mit Aussicht auf die Altstadt und einem überwältigenden Blick auf die Kuppel des Doms!

Lungo Lario Trieste 16 | Tel. 0 31/ 2 33 91 | www.palacehotel.it | 90 Zimmer | €€

Essen und Trinken

③ *Innovative Küche*
I TIGLI IN THEORIA

Versteckt in einer Seitenstraße zwischen dem Dom von Como und dem Palace-Hotel liegt die alte Bischofsresidenz, in der sich das Restaurant befindet. Man hat die Wahl zwischen dem Hauptraum mit Sitzgelegenheiten für 30 Personen, einem Separee und dem »Chef's table« direkt vor der verglasten Küche. Chef Franco Caffara hatte sich bereits mit seinem Restaurant I Tigli einen Stern erkocht. Seit 2014 präsentiert er seine innovative Küche, die bedingungslos aufs Produkt gerichtet ist. Das Degustationsmenü (Fisch oder Fleisch) bietet er für 105 € an, aber auch das Speisenangebot à la carte ist verlockend. Mittags gibt es ein günstigeres Lunchmenü. Die Weinauswahl ist riesig mit ihren Gewächsen aus italienischen Regionen. Nach dem Dinner kann man in der Lounge Bar im ersten Stock einen Digestif nehmen.

Via Bianchi Giovini 41 | Tel. 0 31/30 52 72 | www.intheoria. it | Di–Sa 12–14, 19–22, So 12–14 Uhr | €€€€

④ *Zwischendurch etwas Süßes oder Cremiges*
GELATERIA LARIANA

Direkt an der Uferpromenade bilden sich allabendlich lange Schlangen, doch das geduldige Anstehen lohnt sich. Das hausgemachte Eis ist cremig und sahnig, die Sorbets erfrischend fruchtig. Besonders gut sind das Feigeneis und die Sorte »Pistazie di Bronte« (die besonders schmackhaften Pistazien aus der sizilianischen Ortschaft Bronte). Auch das beliebte »Gelato su stecco« (Eis am Stiel) ist hier frisch und ausgesprochen lecker.

Lungo Lario Trento 5

⑤ *Beste Pizza*
PEPE NERO

Die Pizza ist hier, wie sie sein soll: Der Teig ist dünn, der Belag reichhaltig und in allen möglichen Varianten zu bestellen. Zu den Spezialitäten des Hauses gehören auch die Cheeseburger. Das Restaurant ist klein, aber sehr beliebt bei den Einheimischen, daher Wartezeit einkalkulieren! Im Sommer sitzt man auch sehr schön auf der Terrasse vor der Tür.

Via Boldoni 26 | Tel. 0 31/ 26 03 33 | tgl. 12–15, 18–24 Uhr | €

⑥ *Gesund, pflanzlich und lecker*
IL PIATTO DELLA SALUTE

In diesem kleinen vegetarisch-italienischen Restaurant werden ausnahmslos Bioprodukte verarbeitet. Auch Veganer finden mindestens ein Gericht. Zum Piatto della Salute – der Name des Lokals bedeutet so viel wie »gesunder Teller« – gehört ein eigener Biomarkt. Viele der Gerichte sind außerdem weizen- oder laktosefrei.

Via Cinque Giornate 56 | Tel. 0 31/26 34 91 | tgl. 12–15 Uhr | €

⑦ *Family Life*
LA COLOMBETTA

Drei Schwestern aus Sardinien – Marianna in der Küche, Lina und Silvana im Service – sind hier um das Wohl der Gäste bemüht und tischen in den stilvoll renovierten Räumen einer ehemaligen Kapelle Spezialitäten ihrer Heimat auf. Köstlich sind das Gratin mit Meeresfrüchten oder die *tagliolini ai frutti di mare*. Fleischliebhaber genießen *tagliata alla Robespierre*.

Via Armando Diaz 40 | Tel. 0 31/26 27 03 | www.colombetta.it | Mo–Sa 12.30–14.30, 19.30–23 Uhr | €€

⑧ *Perfekte Leichtigkeit*
THE MARKET PLACE

Eines der Lieblingsrestaurants der am Wochenende aus der Stadt flüchtenden Mailänder ist The Market Place. Und das aus gutem Grund: Küchenchef Davide Maci setzt für regionale Gerichte neue Standards. Viele Jahre kochte er in London, und das Flair der britischen Hauptstadt brachte er 2011 mit nach Como. Seither überzeugt er hier mit frischer und detailverliebter Küche. 2019 zog das Restaurant in einen alten Palazzo in der Altstadt um. Man sitzt im loftartigen Ambiente im Industriedesign und blickt in die offene Küche, wo Chefkoch Maci sein Können schon beim Amuse-Bouche des Degustationsmenüs (6 Gänge 75 €) beweist. Auch der *pulpo al barbecue* mit Radieschen und Algenchips hat in der Tonschale einen perfekten Auftritt. Das knusprige Schwein in Bierjus ist kongenial begleitet von frischen Kräutern und Apfelpüree.

Via Giuseppe Rovelli 51 | Tel. 0 31/27 07 12 | www.themarketplace.it | Mo–Mi 19–22.30, Do–Sa 12–14.30, 19–22.30 Uhr | €€€

Fausto Fontana, Besitzer des Restaurants The Kitchen, ist der perfekte Gastgeber und stellt mit seinem Team auch die anspruchsvollsten Gäste zufrieden.

Vegan-vegetarisches Schlemmen
L'ASPARAGO

S. 59, südl. c6

Das L'Asparago in Como meint es ernst mit der Liebe zur Natur: Hier kommen nur Produkte auf den Tisch, die biologisch angebaut wurden, saisonal wachsen und aus der Region – vorzugsweise aus der direkten Nachbarschaft – stammen. Das Ganze verpackt sich ungemein lecker in den veganen/vegetarischen Menüs. Die perfekte Verbindung von »health food« und lecker. Via Varesina 82 | Mobil-Tel. 0 33 31 15 91 18 (auch whatsapp) | www. lasparago.com | Mi–Mo mittags und abends | €

Villa im Park
THE KITCHEN

S. 59, nördl. b1

Fausto Fontana, der 28 Jahre das Restaurant Il Gatto Nero führte, ist mit diesem Kleinod ein Coup gelungen! Das Restaurant beim Sheraton-Hotel bietet einen Raum, der zugleich luxuriös, stylish und bei aller Modernität gemütlich ist. Fausto, eine lebende Legende, versteht es, mit vielen Anekdoten zu unterhalten. In der Küche interpretiert Luca Bernasconi mit seinem Team die italienisch-mediterrane Küche auf moderne Art. Die Karte ist klein und wird monatlich saisonal verändert. Auch die

Gepunktet, gestreift oder kariert, rot, grün oder lila – wer eine elegante Krawatte sucht, wird in Como, bekannt für seine Seidenproduktion, sicher fündig.

Weinkarte ist ambitioniert und bietet eine gute Auswahl an edlen Rebsäften.

Via Benedetto Antelami 8 | Tel. 0 31/5 37 50 01 | www.kitchen como.com, | Mi–So 12.30–14.30, Di–So 19.30–22.30 Uhr | €€€

Einkaufen

⑨ *Angesagt*
TESSABIT PLINIO

Die Molteni-Familie präsentiert seit mehr als 60 Jahren in ihren Boutiquen Kleidung für sie und ihn, zudem Taschen, Schuhe und Accessoires von Armani bis Valentino.

Piazza Cavour 34 | www.tessabit. com | Mo 15–19, Di–Sa 10–13, 15–19 Uhr

⑩ *Seide und mehr*
IN SETA

Hier findet man Schals in allen Farben, Mustern und Materialien: Seide, Wolle, Kaschmir – für jeden Geschmack findet sich etwas. Auch an Krawatten gibt es eine große Auswahl.

Piazza Cavour 11 | Mo–Sa 11–19 Uhr

⑪ *Inspirierend*
DEP DESIGN STORE

Wer exklusive Designprodukte sucht, ist hier richtig! Der Laden von Doriana de Petris ist ein »must see« in Como. Hier erlebt man das italienische Gespür für gute Gestaltung: Accessoires und

Möbel für Küche, Bad und Schlafzimmer, dazu Lampen, Keramik, Glas und vereinzelt auch Vintagemöbel.

Via Carcano 4 | Tel. 0 31/24 05 69 | www.depdesignstore.com | So und Mo vorm. geschl.

⑫ *Immer der Nase nach* LA TORTERIA

Man folgt in den Altstadtgassen von Como einfach der Nase – und landet mit Sicherheit direkt in Cecilias Torteria. Die 30-Jährige hatte eigentlich eine glänzende Karriere als Küchenchefin vor sich, entdeckte dann aber ihre Leidenschaft für die Patisserie. Glücklicherweise, muss man sagen. Schon beim Betreten des Ladens läuft einem das Wasser im Mund zusammen. Es ist wie ein Sprung in die Vergangenheit: der Retrostil des Shops und die Backstubendüfte. Köstlich ist der Cheesecake, wahlweise mit bitteren Orangen, Holunderbeeren oder Maronen. Aber auch die anderen Torten, die Kekse und das Salzgebäck sind von hoher Qualität. Zum Mitnehmen: Marmeladen in schönen Gläsern.

Via Vitani 7 | Tel. 03 47/7 64 56 94 | www.latorteriacomo.com | Di geschl.

⑬ *Alles in einem* COIN

In diesem modernen Kaufhaus gibt es von trendigen Kaffeekapseln über Kleidung bis zu schönen Wohnaccessoires fast alles zu kaufen. Highlight ist aber das wundervolle Loft Como (www.loftcomo.it), das im 5. Stock untergebracht ist: Café, Bar und Restaurant mit Außenterrasse und himmlischem Blick auf den Dom.

Via Pietro Boldoni 3 | Mo–Sa 10–19 Uhr

MERIAN EMPFEHLUNG 2

⑭ *L'arte del pane* BERETTA

Die Bäckerei, die sich im Untertitel »L'arte del pane« (»Die Kunst des Brotes«) nennt, macht ihrem Namen alle Ehre. Auswahl und Qualität sind grandios. Spezialität ist *fetta di nuvola*, ein süßes Weißbrot mit Aprikosenmarmelade. Alles ist eine Augenweide: Pizza und Focaccia, Ravioli, große Auswahl an Petits Fours und anderem Gebäck. Beretta gilt nicht nur als beste Bäckerei Comos, sondern betreibt mehrere Filialen in der Region. Für die hervorragende Qualität sprechen auch die langen Schlangen am Morgen!

Via Pietro Boldoni 15 | Tel. 0 31/26 41 59 | Mo–Fr 7.30–19.30, Sa bis 20.30, So 9.30–14 Uhr

⑮ *Überwältigende Düfte*
SANTA MARIA NOVELLA

Schon beim Betreten dieses Ladens im Retrostil werden alle Sinne wach, vor allem der Geruchssinn! Die tollsten Produkte für Körper, Gesicht und Geist finden sich hier: von Armenischem Räucherpapier und medizinischen Likören über exotische Seifen und Parfüms, Cremes, Öle, Duftkerzen bis hin zum berühmten Potpourri, einer Mischung aus Kräutern und Blumen von den Hügeln um Florenz. Die älteste Klosterapotheke Europas wurde 1221 in Florenz gegründet, wo sich heute noch das Stammgeschäft befindet. Seit 1612 werden dort kosmetische und pharmazeutische Produkte hergestellt. Sich in der Filiale in Como umzusehen ist ein sinnliches Vergnügen!

Via Bernardino Luini 11 | www.smnovella.com | So, Mo 15.30–19, Di–Sa 10–13, 15.30–19 Uhr

⑯ *Beste Pasta*
L'ORA DELLA PASTA

In diesem kleinen Imbiss kann man frische Pasta kaufen – und die hausgemachten Soßen gleich dazu – oder sie direkt vor Ort verspeisen. Auch Lasagne und gegrilltes Gemüse ist im Angebot – alles appetitanregend in der Theke angerichtet.

Via Lambertenghi 33 | Tel. 0 31/26 32 67 | Mo 8.30–14.30, Di–Sa 8.30–18.30 Uhr

⑰ *Nostalgisch*
LIBRERIA ANDREOLI RITA

Dieser kleine Buchladen ist eine wahre Fundgrube für Bibliophile, die gerne stöbern und des Italienischen mächtig sein sollten. Neben sehr ausgewählten Büchern findet man hier auch Stiche und Drucke sowie hübsche nostalgische Postkarten.

Via Rovelli 23

⑱ *Schlaraffenland für Gourmets*
SALUMERIA CASTIGLIONI

Ein Feinkosttempel, den man am liebsten nie wieder verlassen möchte. Seit 1958 führt der Delikatessenladen

In Comos Filiale der Officina Profumo Farmaceutica di Santa Maria Novella kann man in Düften schwelgen und diese natürlich auch käuflich erwerben.

die besten Produkte der Region. Ein Eldorado sowohl für Hobbyköche als auch für Gourmets, die keine Zeit zum Kochen haben und sich mit den feinsten Köstlichkeiten eindecken wollen. Üppig ist alles hinter Glas aufgebaut: Salate, verschiedene Antipasti, Käse in allen Variationen, Salami, Schinken und »Pasta fatta alla casa«. Die Regale sind bis oben hin mit Wein, Olivenöl und Aceto Balsamico bepackt. Wer das sofort probieren will: Castiglioni betreibt um die Ecke auch eine Enoteca mit Restaurant.
Via Cesare Cantù 9 | Tel. 0 31/26 33 88 | www.castiglionistore.com

⑲ Alles bio, nachhaltig und zertifiziert
L'ERBOLARIO

»Erborare« bedeutet Kräuter sammeln, »L'Erbolario« ist eine Kosmetikserie, deren Produkte auf pflanzlicher Basis hergestellt werden. Alle Cremes, Lotionen und Parfüms sind tierversuchsfrei, allergikerfreundlich und nachhaltig produziert. Darüber hinaus sind die wunderbaren Düfte und Cremes auch noch relativ günstig zu haben.
www.erbolario.com
In Como gibt es die Produkte etwa bei: L'Erboristeria, Via Giovio 20, Santa Maria Novella (→ S. 74) oder L'Erboristeria, Largo Miglio 5

Wer beim Lebensmittelkauf Wert auf Frische und Regionalität legt, kauft am besten auf den Märkten in Como ein, hier an einem Olivenstand auf dem Wochenmarkt.

⑳ *Großes Angebot an regionalen Leckerbissen*
MARKT IN COMO

Dreimal die Woche, nämlich dienstags, donnerstags und samstags, bietet der Markt in Como Köstliches aus der Umgebung an: Frisches Obst und Gemüse, getrocknete Steinpilze und eingelegte Oliven, Käse und Wurstwaren aus den Tälern und verschiedenen Teilen Italiens, Brot und Mandelgebäck aus Sizilien, Olivenöle und Limoncello – das alles an den Markttischen appetitlich aufgetürmt. Manches Schnäppchen kann man auch an den Ständen machen, die Bekleidung, Accessoires, Taschen, Schuhe und vieles mehr verkaufen.

Lungo le mura della città (zw. Viale Battisti und Viale Cattaneo) | Di, Do und Sa 8–13, Sa bis 18 Uhr

㉑ *Shoppen deluxe*
IL MERCATO COPERTO

Im Jahr 1934 wurde diese imposante Markthalle erbaut. Ein echtes Frischeparadies, in dem Blumen, Obst, Gemüse, Honig, Fisch und Fleisch und vieles mehr aus der Region verkauft werden.

Eingang von der Via Mentana oder Via Sirtori | Mo, Di, Do, Fr 8.30–13, Sa 8.30–19 Uhr

Nachhaltiges Einkaufen
NATURA SÌ

S. 59, südl. a6

Natura Sì ist in Italien eine bekannte Bio-Supermarktkette, vergleichbar etwa mit Alnatura in Deutschland und der Schweiz. Wer also auf Nummer sicher gehen will, dass er ausnahmslos nachhaltig kauft, ist hier richtig. Zum Sortiment des Bioladens gehören frische Lebensmittel sowie Naturkosmetik.

Via Pasquale Paoli 80 | www.naturasi.it | Mo–Sa 9–13, 15.30–19.30 Uhr

Seide ohne Ende
MANTERO

S. 59, südwestl. a6

Ob edle Tücher, elegante Blusen, feine Krawatten, festliche Stoffe und Taschen, bestickt mit Perlen und Pailletten – all das und noch viel mehr findet man bei Mantero, der bekanntesten Seidenmanufaktur der Stadt. Der Showroom der Firma Mantero befindet sich in Como in der Via Volta 74. Das Outlet liegt etwa 4 km außerhalb von Comos Zentrum in Grandate.

Grandate,Via Riccardo Mantero 4 | Tel. 0 31/45 44 66 | www.mantero. com | Mi–Sa 10–18 Uhr

Abendgestaltung

MERIAN EMPFEHLUNG 3

㉒ *Atmosphärisch*
VINTAGE JAZZ

Eine herrliche Mischung aus Restaurant, Kneipe, Musiklokal und Café. Je nach Tageszeit kommt eine andere Stimmung auf: Bei Sonne sitzt man draußen auf dem Platz und isst leckere Desserts, die hellen Innenräume bieten zum Wein nostalgisches Flair, und am Wochenende mischt man sich im dunklen hinteren Raum unter die Zuhörer der Jazz-Livekonzerte.

Via Olginati 14 | Tel. 0 31/4 14 13 46 | www.vintagejazzcomo.com | Di–Do, So bis 24, Fr, Sa bis 1.30 Uhr

MERIAN EMPFEHLUNG 4

㉓ *Operngenuss*
TEATRO SOCIALE

Es muss ja nicht immer die Mailänder Scala sein. Auch das im Jahr 1813 eröffnete Comer Theater bietet einen wunderbaren Rahmen für italienische Opern, Ballett- oder Konzertabende.

Via Vincenzo Bellini 3 | www.teatrosocialecomo.it, www.news-eventicomo.it

㉔ DIE Cocktailbar in der Altstadt

FRESCO COCKTAIL SHOP

Stylish, hip und derzeit absolut angesagt. Hier, am Rande von Comos Altstadt, trifft man sich zum Apéro ebenso wie zum After-Dinner-Drink. Die Auswahl ist großartig, auch die Non-Alcoholic-Drinks schmecken perfekt. Barkeeper Andrea Attanasio ist ein anerkannter Meister seines Fachs: Er veranstaltet auch Workshops.

Viale Lecco 23 | Tel. 03 93/7 31 56 49 | www.frescococktailshop.it | Mi–Mo 18–1, Fr, Sa bis 2 Uhr

Aktivitäten

Aus der Vogelperspektive

RUNDFLÜGE

Am südlichen Ende des Sees hört man es immerzu: das sonore Brummen der Wasserflugzeuge. Die Piloten des Aeroclub Como bieten Rundflüge über den See an. Dabei sieht man das fantastische Panorama aus einer atemberaubenden Perspektive. Ein Rundflug von etwa 30 Minuten kostet 150 €.

Via Masia 44 | Tel. 0 31/57 44 95 | www.aeroclubcomo.com

Vom Wasser aus

VILLENRUNDFAHRT AUF DEM SEE

In Anlehnung an die Villentradition der römischen Antike entstanden am Comer See seit dem 16. Jh. luxuriöse Landhäuser von Adligen und Kirchenfürsten aus Como und Mailand. Die Schiffe der Navigazione Laghi sind die idealen Verkehrsmittel, um zwischen den Villen und Parks hin- und herzufahren. Vom Wasser aus zeigen die Villen überdies oftmals ihr schönstes Gesicht. Wie hingestreut blitzen die Anwesen zwischen dem Ufergrün auf, von Zypressen flankierte Schmuckstücke, die in Gelb, Blau, Rosa oder Weiß leuchten. Wenn man Como mit dem Schiff verlässt, bietet sich ein schöner Rückblick auf die hoch über das Häusergewirr ragende Domkuppel, auf die ringsum liegenden Villen und die dahinter aufragenden Berge. Eine Tageskarte kostet zwischen 6,90 € und 28 €, je nachdem, wie weit die Fahrt geht. Kleine Kreuzfahrten gibt es ab 15 €.

Anleger an der Piazza Cavour | www.navigazionelaghi.it

Unterwegs zu Adelsvillen und Palästen: Die staatliche Schifffahrtsgesellschaft Navigazione Laghi bietet aussichtsreiche Rundfahrten über den See.

Ein Spektakel für die Augen
PALIO DEL BARADELLO

Dieses mittelalterliche Fest wird alljährlich in den ersten Septemberwochen inszeniert. Vertreter der Stadtteile Comos tragen historische Kostüme und treten in verschiedenen Wettkämpfen gegeneinander an: »La Giostra« bezeichnet ein Ritterturnier zu Pferd, »La Cariolana« ist ein lustiges Rennen auf Tandem-Holzkarren, und »Il Tiro alla Fune« ist das altbewährte Tauziehen. Ein großer Spaß für Teilnehmer und Zuschauer! Am zweiten Sonntag im September erinnert ein prunkvoller Umzug an die historischen Bezüge des Palio: an die glorreiche Vergangenheit, als Kaiser Friedrich Barbarossa im Jahr 1159 in Como einzog, nachdem die Stadt Mailand besiegt worden war.
www.paliodelbaradello.it

Der Blick, der sich von Brunate aus, rund 500 Meter über dem Comer See gelegen, öffnet, ist vor allem bei Sonnenuntergang kaum zu übertreffen.

 MERIAN TOP 10

BRUNATE B5

1700 Einwohner

Wenn der Besucheransturm des Tages langsam verebbt, ist der rechte Augenblick gekommen, mit der **Standseilbahn** von Como nach Brunate hinaufzufahren. Von hier eröffnet sich ein wirklich atemberaubender Blick in die untergehende Sonne.

Seit mehr als 120 Jahren fährt die Standseilbahn hinauf zum »Balkon der Alpen« (www.funicolarecomo.it). Das Dorf Brunate liegt auf 715 m und damit gut 500 Höhenmeter über dem Comer See. Von der Bergstation führt der Weg zum Leuchtturm **Faro Voltiano**, den die Stadtväter von Como 1927 zum 100. Todestag des Wissenschaftlers Alessandro Volta errichten ließen. Von dem 29 m hohen Turm hat man den umfassendsten Blick auf Como und einen Teil des Westufers. Um den Volta-Turm breitet sich der **Parco Marenghi** aus, in dem sich die Einheimischen am Wochenende gern zum Picknick treffen. Seit Mitte des 19. Jh. entwickelte sich Brunate zu einem beliebten Ferienort für reiche Mailänder, da hier auch im Sommer ein angenehmes Klima herrscht. Der kleine Ort wurde nobel, und so ist der mittelalterliche Kern von prächtigen Jugendstilvillen, einigen Restaurants und Hotels umgeben.

Übernachten

5 MERIAN EMPFEHLUNG

Idylle am Hang
BELLAVISTA

Nur acht Zimmer finden sich in dieser kleinen Pension mit Tschechow-Ambiente. Ob im Restaurant, im Wintergarten oder auf der Terrasse: Hier fühlt man sich wie aus der Zeit gefallen. Der Blick auf Como, den See und die Alpen ist fantastisch! Die Villa existiert als Pension schon mehr als 130 Jahre, seit drei Jahrzehnten ist sie im Besitz der Familie Cavallanti. Die Zimmer wurden 2012 liebevoll und authentisch renoviert: antike Möbel, weißes Leinen und freigelegte Deckengemälde schaffen eine wunderbare Atmosphäre. Geschickt eingebaut sind kleine, aber sehr funktionale Bäder. Wer nicht hier wohnt, sollte zumindest einmal das Restaurant besuchen. Der stimmungsvolle Wintergarten ist einer der schönsten Logenplätze am See, und die Küche wartet mit wahren Köstlichkeiten auf.

Piazza Bonacossa 2 | Tel. 0 31/ 22 10 31 | www.bellavistabrunate. com | 8 Zimmer | €

PARCO REGIONALE SPINA VERDE B5

Westlich von Como überziehen die Kastanienwälder des Parco Regionale Spina Verde die hügelige Landschaft. Auch zahlreiche Eichen, Birken und Kiefern wachsen hier. Je weiter es gen Osten geht, desto mehr Robinien tauchen auf, auch Busch- und Heideland ist zu sehen. Im Park tummeln sich Steinmarder, Feldhasen, Eichhörnchen, Eidechsen und Blindschleichen. Neben Natur pur findet man hier historisch spannende Orte wie etwa Kultstellen aus vorrömischer Zeit oder Reste eines urzeitlichen Comos. Auf mittelalterliche Geschichte stößt man beim **Castello Baradello**, im 12. Jh. unter Friedrich Barbarossa nach einer Zerstörung wieder aufgebaut und erweitert. Auf den 34 m hohen Turm kann man in den Sommermonaten steigen.

Cavallasca, Via Imbonati 1 | www.spinaverde.it

Comos Erfolgsstory

Krawatten, Schals, Röcke, Schuhe, Blusen, Kleider, Möbelstoffe – hauchzart und knisternd, federleicht und schmeichelnd, weich und glänzend, in wagemutigen Mustern und Farben, Luxus für die Haut: **Seide**. Die Geschichte der schimmernden Faser ist Jahrtausende alt, in der Gegend um den Comer See beginnt sie Anfang des 16. Jahrhunderts. Zu dieser Zeit ließ einer der Florentiner Medici **Maulbeerbäume** anpflanzen, die einzige Nahrungsquelle von **Seidenraupen**.

Nach dem Ende seiner Wachstumsphase spinnt das Insekt einen hauchdünnen Faden, in den es sich einwickelt. In diesem **Kokon** vollzieht sich die Entwicklung zum Schmetterling. Hier wird ihr Werdegang unterbrochen: Der Kokon wird abgewickelt oder »abgehaspelt«, wodurch man einen bis zu 1500 Meter langen Faden erhält. Zusammengesponnen mit anderen, erhält er die nötige Resistenz. Um 250 Gramm **Seidenfaden** zu produzieren, werden etwa 3000 Kokons benötigt. In jedem Haushalt am Comer See standen bald Spindeln und Webstühle, und die Bewohner verdienten damit ihren Lebensunterhalt.

Um 1510 errichtete der Tuchhändler Pierre Boldoni die erste **Seidenmanufaktur** in Como. 1750 gab es in und um die Stadt bereits ca. 250 Spinnereien. Aber erst im 19. Jahrhundert, als im Zuge der Industrialisierung neue Webstühle entwickelt wurden und Färbereien hinzukamen, wurden richtig große Geschäfte gemacht. Das Seidentuch war zu dieser Zeit der am häufigsten exportierte Artikel der Lombardei. Als Parasiten die Produktion dezimierten und die Konkurrenz aus Asien stärker wurde, zeigten sich die Seidenmacher aus Como erfinderisch: **Rohseide** wurde aus Fernost importiert, und man spezialisierte sich auf deren Verarbeitung. Es entstanden Fabriken, Färbereien und Textildruckereien. In den 1920er-Jahren fand die erste internationale **Seidenmesse** in Como statt. Die Italiener zeigten, dass sie mit den französischen Produzenten mithalten konnten. Als Hubert de Givenchy die Seide für seine Ateliers

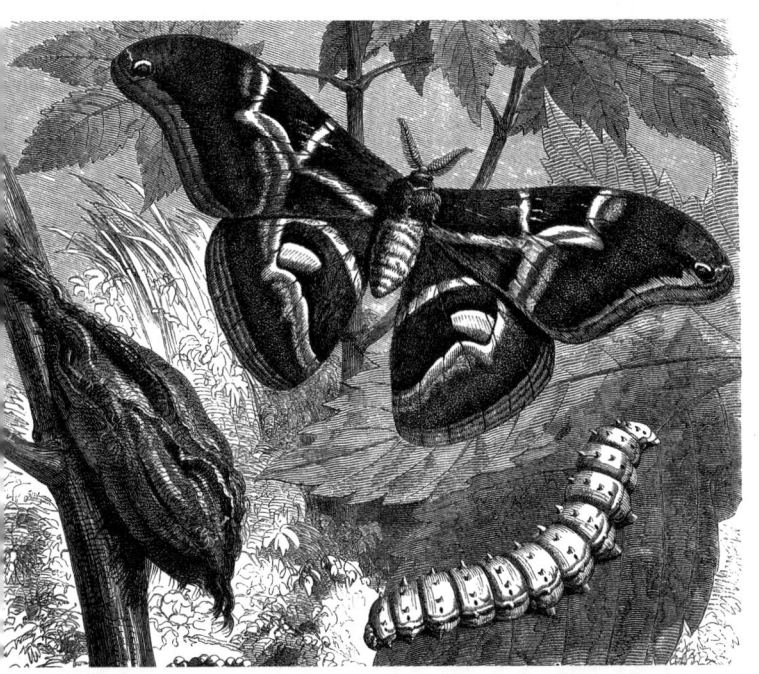

Der Stich zeigt einen Maulbeerbaum, eine Raupe und den fertigen Schmetterling, den sog. Seidenspinner, zu dem sich die Raupe nach der Verpuppung entwickelt.

1952 in Como kaufte, war der Sprung in die **Haute Couture** geschafft. Bis heute gehören Ferragamo, Prada und Gucci ebenso zu den Kunden wie Chanel, Dior und Kenzo.

90 Prozent der in Italien produzierten Seide und 70 Prozent der europäischen Seidenproduktion kommen aus Como. Die meisten Seidenmanufakturen sind kleine Familienunternehmen mit Tradition. Knapp 1900 Betriebe mit über 20 000 Mitarbeitern machen rund zwei Milliarden Euro Umsatz. Die **Fondazione Ratti** zeigt in der Villa Sucota in Como interessante Ausstellungen (Museo Studio del Tessuto, → S. 67).

Jedes Gewebe hat eine Geschichte, jeder Stoff seinen Namen. Die Bedeutung der Seide für die Comer Region wird im **Seidenmuseum** in Como auf 900 Quadratmetern präsentiert, das interessante Exponate wie antike Maschinen, Webstühle, Instrumente und historische Dokumente ausstellt (Museo Didattico della Seta, → S. 63).

DAS WESTUFER

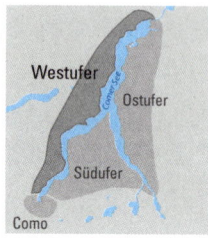

Am Westufer reihen sich die Dörfer wie an einer Kette auf – jedes eine echte Perle für sich. Palmen und Zypressen säumen das Ufer. Im milden Klima gedeiht seit Jahrhunderten botanischer Ehrgeiz. Der Großteil des Tourismus spielt sich – neben Bellagio am Südufer – hier ab.

Kurz hinter Como beginnt in Cernobbio die Pracht der Villen. Hier steht eines der exklusivsten – wenn nicht das exklusivste Hotel Oberitaliens: die **Villa d'Este**. Auch die Villa Erba, der Sommersitz der Visconti, prahlt mit ihrer Pracht.

In der Gemeinde **Tremezzina** auf halber Höhe des Westufers entfaltet der Comer See seinen ganzen Zauber: herrliche Ausblicke, reizvolles Hinterland und eine üppig sprießende Flora. Der Duft von Limonen, Myrten und Rosen liegt in der Luft. Zu Recht wird dieses Gebiet der »Garten der Lombardei« genannt.

Die Straße, die am Westufer von Como nach Sorico und weiter Richtung Norden verläuft, ist die **Via Regina** (SS 340). Angelegt von den Römern als Via Regia, soll sie im 7. Jh. von der langobardischen Königin Theodolinde ausgebaut worden sein. Im Heiligen Römischen Reich Deutscher Nation war sie ein wichtiger Handelsweg, an dem zahlreiche Siedlungen entstanden. Ein Großteil der antiken Via Regia ist heute zu Fuß begehbar. Im Süden führt die SS 340 durch ein satt blühendes Paradies und vorbei an Villen, die an Paläste erinnern.

»Ich habe mir gerade am Comer See ein Haus gekauft. Dort werde ich im Sommer hinfahren und mich mästen wie Marlon Brando.«
George Clooney

Seit George Clooney den Ort **Laglio** zu einem seiner Wohnsitze erwählte, grassiert auf der Westseite das Hollywoodfieber. Hunderte von vor allem englischen Bustouristen werden in Menaggio und Cadenabbia ausgeladen. Oft staut sich im Sommer der Verkehr auf der Via Regina.

Villa Erba in Cernobbio: Einst ein Kloster, wichen die Zellen Prachträumen, und der klösterliche Gemüsegarten wurde in einen weitläufigen Park verwandelt.

Hinter **Menaggio** ist das feudale Spektakel beendet. Die Szenerie wird familiär, die Preise, die für Übernachten und Essen anfallen, sinken, je weiter man nach Norden kommt. In Dongo und Domaso befinden sich die meisten Campingplätze.

CERNOBBIO B5

6500 Einwohner

In Comos Nobelvorort Cernobbio beginnt das Defilee der Villen entlang der Westküste. Den Auftakt macht die **Villa Erba** (www.villaerba.it), die ihren auffälligen florentinischen Turm emporstreckt und von einem 15 ha großen Park umgeben ist. Bis 1784 stand hier mehr als 500 Jahre ein Nonnenkloster, dann begann der Umbau in einen privaten Palast, den die Großeltern von **Luchino Visconti** erwarben. Hier verbrachte der italienische Filmregisseur seine Kindheit. Seine Mutter entstammte der Mailänder Industriellenfamilie Erba, der ein Imperium von Munitions- und Chemiefabriken gehörte. Seit dem Jahr 1985 finden hier Ausstellungen statt, und die Villa kann für Events gemietet werden. Im ersten Stock der Villa sind einige Räume dem Regisseur gewidmet. George Clooney drehte hier Szenen seiner Komödie »Ocean's Twelve«.

Der malerische Ort Cernobbio mit schmalen Gassen und kleiner Dorfkirche liegt eingebettet in die schöne Landschaft am Fuße des Monte Bisbone.

Cernobbios Prunkstück ist die **Villa d'Este** (→ S. 88), ein Renaissancepalast mit Belle-Époque-Flair. Mit Eleganz und Perfektion ist jeder Winkel dieses Luxushotels gestaltet. Das Haus ist ein Mythos, der immer wieder neu belebt wird.

Darüber hinaus besitzt Cernobbio eine nette Altstadt mit schmalen, von Cafés, Restaurants und Läden gesäumten Gassen sowie eine autofreie Uferpromenade.

Sehenswertes

SAN VINCENZO

Im alten Ortskern in der Nähe des Hafens gelegen, fällt die dem heiligen Vinzent geweihte Kirche mit ihrer roten Barockfassade ins Auge. Die Ursprünge des Gotteshauses liegen im 12. Jh., umgebaut wurde es im 18. und 19. Jh. Bei der Restaurierung kamen Fresken zum Vorschein, die auf die Tiepolo-Schule zurückgehen. Auch die Holzschnitzarbeiten aus dem 17. Jh. sind eine Kirchenbesichtigung wert.

Übernachten

Nostalgisch
REGINA OLGA

Das ehrwürdige Hotel an der Promenade in Cernobbio ist mehr als 100 Jahre alt. Der Pool im Garten kommt im 1950er-Ambiente daher. Unbedingt ein Zimmer mit Blick zum See reservieren!

Via Regina 18 | Tel. 0 31/51 01 71 | https://regina-olga.comolake-hotels.com | 83 Zimmer | €-€€

Essen und Trinken

Diskreter Luxus
VERANDA IN DER VILLA D'ESTE

Veranda ist der Name eines der Restaurants im noblen Hotel Villa d'Este. Ob man im verglasten Bereich oder auf der Terrasse direkt am See sitzt: Der Blick wird vom Ballett der weiß befrackten Kellner abgelenkt, die eine weltmännische Eleganz ausstrahlen. Einige sind seit gut 40 Jahren im Dienst. Michele Zambanini ist seit 2011 Küchenchef und hat das kulinarische Reich neu geordnet. Seine Liebe zur italienischen Tradition verbindet er spielerisch mit seiner Weltläufigkeit. Er kombiniert gerösteten Octopus mit Kichererbsencreme und Thymianöl, die Artischockentortellis werden mit Wachtelcarpaccio und Bries serviert, der Steinbutt mit einer Creme von grünem Salat und Scampiravioli. Immer auf der Karte: ein leichtes Menü mit Kalorienangaben, ein Genuss ohne Sünde in drei Gängen. Verfeinert wird seine Küche virtuos durch ein Sortiment feiner Kräuter aus dem »Chef's garden« im Park der Villa d'Este: Auf geometrischen Flächen wachsen Rosmarin, Thymian, Oregano, Estragon, Salbei, Lavendel und Zitronenmelisse.

Via Regina 40 | Tel. 0 31/34 81 | www.villadeste.it | tgl 12.15–14.15, 19.30–21.45 Uhr | €€€€

In-Treffpunkt
HARRY'S BAR

Das Restaurant besticht mit einer herrlichen Terrasse. Ein bisschen mehr Schein als Sein. Man bezahlt den Blick und die Prominenz unter den Gästen, so kann es durchaus sein, dass hier George Clooney am Nebentisch sitzt.

Piazza Risorgimento 2 | Tel. 0 31/51 26 47 | www.harrysbarcernobbio.it | Mi–Mo 10–24 Uhr | €€

Die Villa d'Este wechselte im Lauf ihrer Geschichte oftmals Namen und Besitzer. Heute birgt sie eines der berühmtesten Hotels der Welt.

VILLA D'ESTE

Grandhotel mit Grandezza

Ein schmiedeeisernes Tor trennt die viel befahrene Straße **Via Regina** von einem stillen Paradies am See: der in einem üppig grünenden und blühenden Park gelegenen Villa d'Este. Durch das Tor gelangt nur, wer Gast in dem noblen Haus ist oder sich im Restaurant zum Dinner angemeldet hat. Eine gekieste Auffahrt führt zum Haupthaus, dem Palast.

In der **Empfangshalle** führt eine symmetrische Doppeltreppe hinauf zum ersten Stock. Marmorsäulen, Kristalllüster, Blumenbouquets, farblich passend zu den goldfarbenen, mit Blau abgesetzten Teppichen, die quer durch die Lobby laufen und alle Geräusche dämpfen. Jedes der 152 Zimmer ist individuell gestaltet, prunkvoll und wahrhaft imperial. Ölgemälde, Seidentapeten, Brokatvorhänge und Antiquitäten sorgen für historischen Glanz. Zwar sind die Zimmer teuer – aber wer Hotels liebt, muss einmal hier gewesen sein.

Das **Gästebuch** liest sich wie das Who's who aus Politik, Wirtschaft und Showbusiness. Man sagt, hier waren mehr Royals zu Gast als im Buckingham Palace. Neben Adligen und

Mailänder Geldadel, der zum Weekend-Golfen kommt, genie-
ßen Filmstars und Musiker wie Mel Gibson, Madonna, Mick
Jagger, Robert De Niro, Barbra Streisand, Bruce Springsteen,
Paul McCartney und Michael Douglas das Ambiente.

Auch auch so manche Liebesgeschichte spielte in der Villa
d'Este. Zu den **berühmten Paaren** gehörten Rita Hayworth
und Orson Welles, Elizabeth Taylor und Conrad Nicholson
Hilton, Ava Gardner und Frank Sinatra, Woody Allen und Mia
Farrow, die Affäre zwischen Onassis und Maria Callas soll hier
begonnen haben. Das erste Foto von Wallis Simpson und
Eduard VIII. nach dem Verzicht auf den englischen Thron im
Jahr 1936 entstand in der Villa d'Este. Nicht alle Liebesge-
schichten endeten glücklich. Während eines Galadinners im
September 1948 im Napoleon-Saal erschoss Pia Gräfin Bellen-
tani den Industriellen Carlo Sacchi, der drei Jahre ihr Geliebter
gewesen und ihr untreu geworden war.

Die Villa selbst hat eine bewegte **Vergangenheit**: 1565 veranlasste Kardinal Tolomeo Gallio den Bau der Villa del Garovo
auf dem Grund eines ehemaligen Nonnenklosters. Sie sollte
seine Sommerresidenz werden. Tolomeo war in Cernobbio geboren, studierte in Rom und wurde Sekretär von Papst Pius IV.,
der ihn zum Kardinal ernannte. Einer der besten Architekten
jener Zeit wurde mit der Planung beauftragt. Nach Tolomeos
Tod wechselte die Villa häufig die Besitzer. 1784 kaufte der
Herzog Calderara die Villa, der mit einer Ballerina der Scala,
Vittoria Peluso, verheiratet war. Das Paar restaurierte die Villa
und ließ die Zypressenallee im Park anpflanzen. Als der alte
Herzog starb, heiratete Vittoria Peluso 1808 den napoleonischen General Domenico Pino. Ihm zu Gefallen ließ sie
Festungsanlagen im oberen Teil des Gartens bauen, die man
heute noch sieht. Der General rekrutierte eine Gruppe von
Kadetten und »spielte« mit ihnen im Freien.

1815 kam die Prinzessin von Wales, **Caroline von Braun-
schweig**, an den Comer See. Im Alter von 26 Jahren war sie mit
ihrem Cousin, dem späteren englischen König George IV.,
verheiratet worden. Die 20 Jahre während Ehe mit dem Lebe-
mann und Spieler verlief unglücklich und scheiterte schließ-

lich. Caroline erwarb die Villa von der Familie Pino, die in die kleinere benachbarte Villa Cima zog. Caroline betonte gern, dass sie mit der Adelsfamilie Este verwandt sei, und gab dem Anwesen den Namen **Nuova Villa d'Este**, damit eine Verwechslung mit der Villa d'Este in Rom ausgeschlossen war. Sie umgab sich mit allerlei Hofstaat, feierte rauschende Feste und galt als generöse Wohltäterin und Förderin der Künste. Nach ihrem Tod im Jahr 1821 ging der Besitz zunächst durch mehrere Hände, bis Baron Ippolito Ciani ihn 1834 kaufte. Er baute 1856 eine neue Villa und nannte sie in Erinnerung an Caroline Hotel de la Reine d'Angleterre. Sie ist heute Teil des Hotels und trägt den Namen The Queen's Pavilion.

Eine weitere glanzvolle Zeit begann 1868, als die russische **Zarin Maria Fjodorowna** die Villa zunächst für zwei Monate mietete, dann aber doch für zwei Jahre blieb. Die ehemalige Prinzessin von Dänemark wurde die Mutter des letzten russischen Zaren Nikolai II. 1873 kaufte eine Gruppe von Geschäftsmännern beide Gebäude und vereinte sie zu dem **Grandhotel**, das man heute kennt.

In dem **Park**, der seit 1913 als nationales Denkmal gilt, saß Churchill in der Sonne, schoss Fotograf Helmut Newton seine Fotos und ging Michail Gorbatschow mit Gattin Raissa spazieren. Die 25 Hektar große Gartenanlage lockt zum Lustwandeln zwischen Rosen, Jasmin, Magnolien, Hortensien, Glyzinien und Oleander. Herzstück des Parks ist eine 500 Jahre alte Platane. Der untere Teil des Gartens stammt noch aus der Renaissance, der obere aus dem 18. Jahrhundert. Verwunschene Brunnen und Wasserspiele laden zum Entspannen und Träumen ein. Ein pompöses Mosaikmonument, das **Nymphäum**, ein den Wassernymphen geweihter Tempel, stammt aus der Zeit Herzog Calderaras. Von hier verläuft die **Viale dell'Ercole**, die Herkulesallee, steil bergauf. Der mit einem Kieselsteinmosaik gepflasterte Weg ist von Zypressen und Wasserkaskaden gesäumt. Er führt zu einer Figurengruppe aus dem 18. Jahrhundert.

Seit 2004 gibt es auch einen üppigen **Kräutergarten** für den Küchenchef, der jeden Morgen hierher spaziert, um frische Zutaten für seine fantastischen Kreationen zu ernten. Denn

Ein ganzer Hofstaat an Bediensteten kümmert sich in der Villa d'Este um das Wohl der Gäste, hier der Chefkoch mit seinem Team.

auch die kulinarischen Genüsse sollen nicht zu kurz kommen. Ob im Restaurant Veranda (→ S. 87), im Grill, in der Canova-Bar oder im Poolside Café – überall wird der Gast vom leisen, aufmerksamen Service beraten und umsorgt.

Für den Luxus sorgt das **Personal**, 300 Angestellte, deren vorrangiges Anliegen es ist, jedem einzelnen Gast den Aufenthalt zu einem unvergesslichen Erlebnis zu gestalten. Sie alle lieben ihre Villa und tragen dazu bei, dieses märchenhafte Anwesen zu erhalten. Einige sind bereits seit fast 40 Jahren im Dienst, wie etwa der Chefbarkeeper Ilio Chiocci. Er kennt seine Gäste – fast alle. Als allerdings vor ein paar Jahren eine Dame in seiner Bar saß und sagte, wie glücklich sie der Blick auf den See mache, erfuhr er erst später, dass er mit Königin Sonja von Norwegen geplaudert hatte.

Wer je in der Villa d'Este war, wird den Begriff Grandhotel nicht mehr leichtfertig verwenden. Es gibt insgesamt vielleicht fünf Häuser dieser Klasse, und das weltweit. Grandezza pur!

Cernobbio, Via Regina 40 | Tel. 0 31/3481 | www.villadeste.com | 152 Zimmer und Suiten, 3 Villen | €€€€

Oberhalb von Cernobbio klettern die Häuser von Rovenna den Hang hinauf, um den Besuchern einen schönen Blick über den See zu bieten.

Kuchenparadies
PASTICCERIA POLETTI

An der Durchfahrtsstraße, aber hinter dem Haus sitzt man schön im Garten und genießt die Leckereien aus der Backstube: *bignè, brioche, cornetti,* aber auch Salziges wie Pizza, Focaccia und Panini.

Via Regina 34 | Tel. 0 31/51 12 29 | www.pasticceriapoletti.it

Einkaufen

Ausgewählte, exklusive Sammelobjekte
TRIBAL ART GALLERY

Enzo Schettino sammelte mehr als 40 Jahre lang antike Skulpturen und rituelle Gegenstände afrikanischer und asiatischer Kulturen. Er teilt seine Leidenschaft gern mit anderen, stellt in seiner Galerie im Herzen Cernobbios aus und verkauft auch manches.

Via XX Settembre 23 | www.tribalartgallery.it

Abendgestaltung

Von Rock bis Oper
FESTIVAL CITTÀ DI CERNOBBIO

Ende Juli findet alljährlich das Festival Città di Cernobbio, ein sieben Tage dauerndes Musikfestival, statt, das sein Publikum zu Konzerten in die Villa Erba lädt.

www.festivaldicernobbio.eu

ROVENNA B5

Steile Kurven führen von Cernobbio hinauf nach Rovenna, das direkt am Hang oberhalb der Villa d'Este liegt. Belohnt wird der Besucher mit einer wunderbaren Aussicht über den Lago. Von Rovenna aus führt ein Wanderweg (Via Bisbino) zum **Rifugio Bugone**, einer Hütte mit Restaurant und Übernachtungsmöglichkeit auf 1119 m Höhe. Der Aufstieg zum **Monte Bisbino** (1325 m) überrascht die Wanderer an klaren Tagen mit einem tollen Panoramablick.

Essen und Trinken

Gigantischer Blick
IL GATTO NERO

Die »Schwarze Katze« gilt als das Nonplusultra der hiesigen Gastroszene. Wegen der nahen Villa d'Este, wegen George Clooney, wegen des Ausblicks – wer weiß das schon? An den Restaurantwänden sind sie jedenfalls alle verewigt: Hier hängen Fotos von Michael Douglas über Neil Armstrong bis zu Kylie Minogue und George C. himself. Das Essen ist hingegen nichts Besonderes – also mehr den grandiosen Blick und die Promis genießen. Via Monte Santo 69 | Tel. 0 31/ 51 20 42 | www.ristorantegatto nero.it | tgl. abends, Sa, So und feiertags auch mittags | €€€

MOLTRASIO B5

1600 Einwohner

Mittelalterliche Häuser und prachtvolle Villen prägen den Ort. Eine der schönsten ist die **Villa Passalacqua**, die man heute für Events oder als exklusives Feriendomizil mieten kann (ca. 10 000 Euro pro Nacht). Außerhalb von Moltrasio befindet sich die **Villa Fontanelle**, die der unglückliche Modezar Gianni Versace für sich eingerichtet hatte. Eigentümer ist heute der Moskauer Restaurantkönig Arkady Novikov. In der **Villa Erker-Hocevar** hielt sich der Komponist Vincenzo Bellini 1829–1831 auf und schuf in großer Verliebtheit seine Opern »La Sonnambula« und »Norma«. Moltrasio liegt am Fuße des **Monte Bisbino** (1325 m). Die Bebauung zieht sich ein ganzes

Stück den Hang hinauf. Durch die den Ort umgehende Höhenstraße ist der untere Teil mit der alten Via Regina vom Autoverkehr entlastet. Oberhalb von Moltrasio liegen Steinbrüche, in denen schon zu Römerzeiten Material für den Bau von Häusern und Kirchen abgebaut wurde. Sehenswert sind zwei Sakralbauten: **Sant'Agata** ist eine kleine romanische Kirche mit einem typisch lombardischen Campanile aus dem 12. Jh. **San Martino** liegt auf einer Anhöhe. Der Hauptaltar zeigt Verkleidungen aus heimischem Marmor und grünem Onyx aus Ägypten. Interessant sind die Stuckarbeiten und Fresken von Fiammenghino aus dem 15. und 16. Jh.

Übernachten

In erster Reihe am See
HOTEL POSTA

Das wunderschön gelegene Hotel, das die Familie Vanini-Taroni bereits seit 1932 betreibt, bietet seinen Gästen geräumige, individuell gestaltete Zimmer direkt am Wasser. Im Restaurant La Veranda sitzt man im Wintergarten oder auf der Terrasse mit herrlichem Blick über den See. Supernetter Service! Piazza San Rocco 5 | Tel. 0 31/ 29 04 44 | www.hotel-posta.it | 17 Zimmer | €

Essen und Trinken

Kreativ und schnörkellos
LA BAIA

Das Restaurant befindet sich im Gebäude des Kanuclubs. Aber: Nicht nur die Terrasse am Hafen in Moltrasio ist toll, die Küche von Chef Alessio Rossi (früher gehörte er zum Kochteam der Villa d'Este) ist herausragend! Bei ihm kommen nur beste regionale Produkte auf den Tisch. Viele Italiener kommen hierher! Via Bellini 4 | Tel. 0 31/37 60 93 | www.labaiadimoltrasio.com | Do–Di 12–14, 18.30–23 Uhr | €€

CARATE URIO B5

1100 Einwohner

Carate Urio besteht aus einer wenig befahrenen, schmalen Uferstraße, die an eng stehenden Häusern, Restaurants und schönen Uferstücken vorbeiführt. Der lästige Durchgangsver-

Über die Dächer von Carate Urio hinweg fällt der Blick auf den See und das gegenüberliegende Ufer mit dicht bewaldeten Bergen.

kehr fließt oberhalb auf einer Umgehungsstraße. Der Ort erlangte historische Bedeutung durch den berühmten **Steinbruch**. Hier wurde der Moltravio-Stein abgebaut, aus dem viele Häuser, Paläste und Kirchen in der Region errichtet wurden. Im Keltischen bedeutet das Wort »car« Stein, und so soll bereits der heilige Antonius den Ort »Cararia« genannt haben. Eine weitere Erklärung ist die Bezeichnung des Schlittens (»carei«), mit dem die schweren Steinblöcke hinunter an den See geschafft und auf Schiffe verladen wurden.

Direkt am Ufer liegt die Kirche **Chiesa dei SS. Quirico e Giulitta**, davor eine kleine Liegewiese, wo man seine Decke für ein Picknick am See ausbreiten kann.

LAGLIO C5

1000 Einwohner

Der Gipfel des Monte Colmegnone (1383 m) ragt hoch hinter Laglio empor. Bis zur Jahrtausendwende war es ein verträumter, beschaulicher Flecken, doch dann kam George Clooney (→ S. 98) und kaufte dem Ketchup-Fabrikanten Heinz die **Villa Oleandra**, einen Palazzo mit 25 Zimmern aus dem 17. Jh. direkt am See, für 12 Mio. Dollar ab, und die Ruhe war

Seit sich der Schauspieler George Clooney in Laglio niederließ, entwickelt sich der einst beschauliche Ort zu einem Mini-Saint-Tropez am Comer See.

dahin. Alle wollen ihn sehen oder haben ihn schon mal gesehen – sei es teilweise oder ganz. Und so zogen in den letzten Jahren in den einst stillen Ort drei Bars und ein Restaurant.

Sehenswertes

BUCO DELL'ORSO

Auf etwa 600 m Höhe befindet sich das »Bärenloch«, eine Grotte, in der im Jahr 1850 die versteinerten Knochenreste eines gewaltigen Bären gefunden wurden. Die Wände der Höhle sind mit Stalaktiten und Stalagmiten bedeckt. Mutige können rund 150 m in die Höhle hineingehen, bis sie einen kleinen unterirdischen See erreichen.

Nördl. von Laglio im Ortsteil Torrigia

GRANITPYRAMIDE

Den Friedhof von Laglio dominiert eine kuriose, 20 m hohe Pyramide aus Granit. Der aus Rastatt stammende deutsche Arzt Joseph Frank (1771–1842), der seine letzten Lebensjahre am Comer See verbrachte, ließ sich das Denkmal bauen. Er lehrte als Professor in Göttingen, Pavia und Wien und soll ein enger Freund des in Como geborenen Physikers Alessandro Volta gewesen sein. Frank war zwar eitel, aber auch großzügig: Einen Teil seines Vermögens hinterließ er den Armen und der Gemeinde Laglio, einen anderen Teil der Universität Pavia.

BRIENNO B4

360 Einwohner

Brienno hat sich seinen ursprünglichen mittelalterlichen Charakter erhalten. Hier hat es immer an Platz gefehlt, der Ort drängt sich zwischen See und den steilen Felsen, viele der Häuser liegen direkt am Wasser. Ein langer Tunnel leitet die Hauptstraße um den Ort herum, sodass es angenehm ruhig ist. Wer aus dem einige Kilometer nördlich gelegenen Argegno kommt, muss an Brienno zunächst vorbeifahren und weiter südlich umdrehen, um in den Ort zu kommen. Gut ausgeschilderte Wanderwege führen in die Umgebung.

Sehenswertes

SANTI NAZARO E CELSO

In der Nähe des kleinen Hafens wurde im 13. Jh. eine Kirche gebaut, die zwischen 1615 und 1689 ihre heutige barocke Gestalt erhielt. Im Inneren sind Fresken von Gian Paolo Recchi aus dem Jahr 1687 und am Hauptaltar ein Altarbild von Andrea de Passeri von 1508 zu sehen. In der Kirche wurden einst Erinnerungsstücke an Kaiser Friedrich Barbarossa aufbewahrt und wie Reliquien verehrt, da er es geschafft hatte, das gegnerische Mailand in die Knie zu zwingen.

Via del Porto 1

SAN VITTORE

Die Kirche, auch Sant'Anna genannt, auf einem Felsrücken am Eingang des Orts stammt aus dem 11. Jh. und zählt mit ihrem schlichten Glockenturm zu den ältesten Gotteshäusern am See.

Wie George Clooney den See veränderte

Viele Stars zog es schon an den Comer See. Wen wundert es da, dass auch George Clooney hier dem italienischen Charme verfiel. Schauspielerkollege Gregory Peck schwärmte Clooney einst vom Comer See vor und lud ihn ein, ihn während seiner Motorradtour durch die Alpen doch in der Villa d'Este zu besuchen. Clooney nahm die Einladung an und lernte dort Clifford Heinz vom gleichnamigen Ketchup-Clan kennen, der ihm seine **Villa Oleandra** zum Kauf anbot. So begann Clooneys Liebesgeschichte mit dem Comer See.

2002 erstand er das mondäne 25-Zimmer-Anwesen am See mit eigenem Anleger und großzügigem Gartenbereich – vor allem der Blick auf den Lario soll atemberaubend sein. Der Kauf der Zehn-Millionen-Euro-Villa stellte das Leben des verschlafenen 900-Seelen-Dorfs **Laglio** komplett auf den Kopf. Von heute auf morgen pilgerten Fans in den kleinen Ort, Paparazzi belagerten Clooney sowohl von der Land- als auch von der Seeseite aus. Jeden Sommer soll er hier residieren – mittlerweile mit Frau und Kindern. Gerne kommen auch Freunde vorbei wie Cindy Crawford oder Brad Pitt, 2019 stattete der ehemalige US-Präsident Barack Obama samt Frau Michelle und Kindern dem Schauspieler einen Besuch ab.

Schon vor der Ankunft des Hollywoodstars waren Immobilien am Comer See kein Schnäppchen, aber mit seinem Kauf schossen die Preise von 1000 Euro pro Quadratmeter auf über 10 000 Euro – in einigen Lagen. Boutiquen und Restaurants bekamen einen Schub, und Clooneys Schwärmerei machte den Comer See zum Traumziel amerikanischer Touristen.

Mehrfach entschuldigte sich Clooney bei den Einheimischen für den Aufruhr, für den Paparazzi und neugierige Touristen sorgen. **Lokalpolitiker** griffen beherzt durch und legten fest, dass, wer sich vom See her dem Anwesen mehr als hundert Meter nähert, mit einer saftigen Strafe zu rechnen hätte.

George Clooney auf dem Weg zu seinem Refugium am Comer See. Die Villa Oleandra hat einen eigenen Anleger, über den das Anwesen per Boot zu erreichen ist.

Um ganz sicherzugehen, dass Clooney nicht von Fotografen
belästigt wird, richtete der Schauspieler angeblich noch eine
Eierwurf-Maschine im Garten ein. Doch seiner Begeisterung
für den Comer See und dem italienischen Lifestyle können
auch Promi-Touristen und -Fotografen keinen Abbruch tun.
2004 kaufte Clooney die **Villa Margherita** dazu, die mit einer
Brücke mit der Villa Oleandra verbunden ist. Insgesamt soll
Clooney vier Immobilien am See besitzen, und er engagiert
sich in einem regionalen Komitee für den Schutz des Seeufers.

Aus Dankbarkeit für seine offenkundige Schwärmerei für
den Lago di Como und den damit einhergehenden Tourismus-
boom machte der damalige Bürgermeister Guiseppe Mantaro
Clooney 2004 zum **Ehrenbürger**. Der Schauspieler gilt als eher
zurückgezogen, wobei er sehr gern als »local« durchgehen
würde. In Harry's Bar in Cernobbio soll er öfter mal einen
Drink nehmen, dort wimmelt es von George-Clooney-Fotos
und -Geschichten. Und auch wenn Clooney sich immer mal
wieder entnervt zeigt von aufdringlichen Fans, so scheint er
Italien und vor allem dem Comer See treu ergeben zu bleiben.

Übernachten

Entspannung pur
APPARTAMENTI MOLO BRIENNO

Toplage am Lario mit gut ausgestatteten Appartements in einer alten Seidenspinnerei.

Via Regina 60 | Tel. 03 39/7 74 39 06 | www.molo-brienno.com | 10 Appartements | €€

Essen und Trinken

Idyllisch direkt am Ufer
CROTTO DEI PLATANI

Etwas unterhalb der Straße verbirgt sich einer der schönsten Restaurantplätze am See. Auf einer wunderschönen Terrasse sitzt man direkt am See unter Platanen. Die Küche von Chef Andrea Cremonesi ist ambitioniert und bietet mehr als nur Pasta und Pizza. Im Keller verbirgt sich eine Grotte, die schon seit 1855 als Weinkeller und Speisekammer diente und heute zu besonderen Anlässen geöffnet wird. 400 Posten Weine sind hier kühl gelagert. Das Restaurant hat einen eigenen Bootsanleger.

Zw. Brienno und Argegno, Via Regina 73 | Tel. 0 31/81 40 38 | www.crottodeiplatani.it | tgl. 12.30–14.30, 19.30–22.30 Uhr | €€€

ARGEGNO B4

670 Einwohner

In Argegno, auf halber Strecke zwischen Como und Menaggio gelegen, öffnet sich der Blick: Der See zeigt hier seine Weite. Schon die Römer wussten die strategische Lage des Ortes zu schätzen. Auf dem Schwemmland des Flusses Telo, der Argegno in zwei Hälften teilt, gründeten sie eine Siedlung. Der Telo führt in das Intelvi-Tal, **Val d'Intelvi** (→ S. 102), und dieses weiter zum Luganer See. Somit bietet sich Argegno als Ausgangspunkt für zahlreiche Wanderungen an.

Am Nordende des Ortes befindet sich die Talstation der Seilbahn, mit der man hinauf nach **Pigra** (→ S. 194) schweben kann. Die Aussicht auf den See ist von dort oben fantastisch! Und auch von Pigra aus eröffnen sich viele Wandermöglichkeiten, etwa auf den Monte Pasquella (1331 m). An der Flussmündung liegt ein kleines Strandbad.

Eng schmiegen sich die Häuser von Argegno an das steil ansteigende Seeufer.

Sehenswertes

SANT'ANNA

Die schlichte Wallfahrtskirche schmücken schöne Fresken und Stuckarbeiten aus dem 18. und 19. Jh. Das Gotteshaus wurde im 17. Jh. errichtet, als in der Region die Pest wütete.

3 km außerhalb an der Straße nach Schignano

Übernachten

Seelage und Seeblick
VILLA BELVEDERE

Die gelb gestrichene Villa aus dem 18. Jh. liegt direkt am Wasser und hat einen eigenen Seezugang. Man sollte unbedingt ein Zimmer mit Blick aufs Wasser reservieren – nicht nur der Aussicht wegen –, denn die Zimmer mit Bergblick sind laut, da direkt hinter dem Hotel die Hauptstraße verläuft.

Via Milano 1 | Tel. 0 31/82 11 16 | www.villabelvedererelais.it | 20 Zimmer | €–€€

Essen und Trinken

Im alten Gewölbe
RISTORANTE BARCHETTA

Von der Terrasse aus blickt man auf den See, allerdings

Elne Seilbahn verbindet Argegno mit dem Bergdorf Pigra und bringt Besucher auf aussichtsreiche Höhen. Der Blick reicht über den See nach Lenno und Bellagio.

auch auf den Parkplatz und die Straße. Vom Risotto mit Flussbarsch aus dem See oder mit Steinpilzen, vom Wirt persönlich gesammelt, bis hin zu Osso Buco wartet die Karte mit Traditionellem auf.

Piazza Roma 2 | Tel. 0 31/82 11 05 | www.ristorantebarchetta.it | tgl. 9–24 Uhr | €€

Einkaufen

Bunte Mischung an Produkten
WOCHENMARKT
Auf dem Parkplatz vor dem Hafen tummeln sich montags Einheimische und Touristen zwischen den Marktständen.

Am Hafen | Mo 8–12 Uhr

VAL D'INTELVI B4

Von Argegno geht es in eines der schönsten Täler der Gegend: eine sonnige Hochebene, die den Comer mit dem Luganer See verbindet. Hier wandert man über sanfte, grüne Hänge bis zum in der Schweiz gelegenen Monte Generoso. Auch für Mountainbike-Touren ist das Tal perfekt geeignet. Weizen und Roggen machten einst den Reichtum des Tals aus, deswegen entstanden am Telo und anderen Wasserläufen zahlreiche Steinmühlen. Viele davon sind noch heute zu sehen, allerdings als Ruinen. In dem dicht besiedelten Gebiet lebte man außerdem lange gut vom Schmuggel. Berühmtheit erlangte das Tal jedoch durch seine »Maestri Intelvesi«: Ganze Familien von Steinmetzen, Malern, Stuckateuren und Baumeistern stammen aus diesem Gebiet (→ S. 104). Touristischer Hauptort des Tals ist **Lanzo** (www.lanzointelvi.it). Unbedingt besuchen sollte man aber auch **Sighignola** auf 1318 m Höhe, den »Balkon Italiens« direkt an der Schweizer Grenze. Von hier wird man mit einem wunderbaren Blick auf den Luganer See belohnt.

Übernachten

Stilvoll und elegant
VILLA SIMPLICITAS
Die sanftgelbe, 200 Jahre alte Villa mit den grünen Fensterläden liegt auf 800 m Höhe zwischen Wiesen und Kastanienbäumen außerhalb von San Fedele. Das Gebäude wirkt immer noch wie ein privates Familienhaus, obwohl es seit 1987 zum Hotel umgewandelt wurde. Gästezimmer werden auch in einem Neubau vermietet, aber unbedingt eines in der Villa buchen. Die Zimmer sind auf eine behagliche Weise altmodisch. Der Garten ist großzügig, und das Haus wird liebevoll geführt. Am Abend wird für die Gäste gekocht.
San Fedele d'Intelvi | Tel. 0 31/ 83 11 32 | www.villasimplicitas.it | 16 Zimmer | €

OSSUCCIO C4
1000 Einwohner
Ossuccio ist ein malerischer kleiner Ort in der Gemeinde Tremezzina. Seine Wurzeln reichen bis in die Antike zurück. In der gesamten Umgebung stehen kleine romanische Kirchen. Die Häuser mit ihren Bootsanlegern sind dicht ans Ufer gedrängt, die Via Regina verläuft direkt dahinter. Oberhalb des Ortes ist eine der bedeutendsten Sehenwürdigkeiten am Comer See zu entdecken: der **Sacro Monte di Ossuccio** mit der Wallfahrtskirche **Madonna del Soccorso** (→ S. 186).

Die Geschichte des Val d'Intelvi

Das Val d'Intelvi ist eines der schönsten und üppigsten Täler, die Gegend strotzt nur so vor Grün: eine sonnige **Hochebene**, die den Comer mit dem Luganer See verbindet. In dem dicht besiedelten Gebiet lebte man lange gut vom Schmuggel, was sich durch die Lage anbietet. Wer so nah an der Grenze lebt, kommt schnell in Versuchung. Irgendwo zwischen Tolerieren und Bekämpfen wurde mit dem Schmuggeln von Alkohol, Tabak und Co. umgegangen. Heute zeugt das Museum der Guardia di Finanza, **Museo della Guardia di Finanza e del Contrabbando**, untergebracht in einer alten Kaserne in **Erbonne**, von der unrühmlichen Vergangenheit. Allerdings ist das Museum so klein, dass es nicht betreten werden kann. Daher werden die Ausstellungsstücke aus der Hochzeit des Schmuggels in Schaufenstervitrinen außen gezeigt.

Berühmtheit erlangte das Tal jedoch weniger durch spekta-kuläre Schmuggelgeschichte als vielmehr durch seine **Bau-meister**. Doch wie kommt es, dass ausgerechnet aus dem Val d'Intelvi so viele bedeutende Baukünstler stammen?

Die Gegend wurde schon in prähistorischer Zeit bewohnt. Siedlungsspuren haben sich aus der Stein- und Bronzezeit ge-funden. Im 2. Jahrhundert v. Chr. kamen die Römer in das einst dicht besiedelte Gebiet. Sehr früh wurde hier auch das Christentum angenommen. Diesem alten Kulturboden ent-wuchsen ab dem 12. Jahrhundert zahlreiche Bildhauer und Maler, die in Genua tätig waren, wo sie sich als Magistri Antelami einen guten Ruf erwarben. Bald genügte es als Qua-litätskriterium, aus dem Intelvi-Tal zu stammen. Als **Maestri Intelvesi** prägten ganze Familien von Steinmetzen, Malern, Stuckateuren und Baumeistern in der Folge nicht nur die Bau-kunst der Lombardei (Mailänder Dom, Dom von Como und von Modena), sondern auch die der angrenzenden Länder.

Erst die Renaissance förderte das individuelle Bewusstsein, sodass sich einige Künstlerfamilien stärker hervortaten, etwa

Ein genauerer Blick auf das Hauptportal des Doms von Como lohnt sich. Die kunstvolle Steinmetzarbeit stammt von den Baukünstlern aus dem Intelvi-Tal.

die Familie Quaglio aus Laino, Carloni aus Scaria und Carnevale aus Lanzo. Eine Auswanderungswelle setzte nach dem Dreißigjährigen Krieg (1618–1648) ein, als nördlich der Alpen – vor allem in Österreich und Deutschland – ein **Bauboom** einsetzte. Die in Italien ausgebildeten Architekten und Künstler trugen entscheidend zur Formensprache des süddeutschen und österreichischen **Barock** bei. Zurück auf Heimaturlaub hinterließen die Baumeister auch hier ihre Spuren: Etliche Kirchen wurden so zu Juwelen barocker Baukunst, etwa Santa Maria in Scaria, Sant'Antonio in San Fedele und San Lorenzo in Laino. Zu dieser Zeit begannen die Maestri auch, sich die Innenausstattung der Kirchen und Paläste vorzunehmen. Ab etwa 1700 entwickelte sich im Tal die **Scagliola** genannte Technik der Marmorimitation, die sich über das ganze Tessin und in der Lombardei ausbreitete. Diese Technik kann man bestens in der Villa Simplicitas (→ S. 103) bewundern.

Sehenswertes

SANTA MARIA MADDALENA

Die Kirche steht an der Durchfahrtsstraße und schmückt sich mit dem auffälligsten **Kirchturm** der Region! Dieser wurde im 12. Jh. im romanischen Stil begonnen und im 15. Jh. mit einem Glockenstuhl aus Backstein im gotischen Stil erhöht – gut erkennbar etwa an den oben spitz zulaufenden Fensterbögen. Der ungewöhnliche Turm ist eines der am meisten fotografierten Motive am Lago – vor allem mit der Isola Comacina im Hintergrund. Im **Inneren** der einschiffigen Kirche, die in einer halbrunden Apsis endet, zieren zahlreiche Fresken die Wände. Einige zeigen die Familie Giovio, umgeben von Heiligen. Herzog Giovio hatte die Kirche um das Jahr 1500 restaurieren lassen. Am Altar ist ein Alabasterrelief der büßenden Maria Magdalena und das Wappen der Familie Giovio zu sehen, eine kunstvolle Arbeit der Magistri Comacini, der berühmten Steinmetze aus dem Val d'Intelvi (→ S. 104).

Essen und Trinken

Frischer Fisch
OSTERIA DEL GIUANIN

Die Familie, die die Osteria etwas oberhalb des Ortes betreibt, bringt viel Fisch auf den Tisch: *persico, alborelle,* und *lavarello* (Barsch, Sardinen und Felchen). Aber auch die Gnocchi, die Polenta und das Käsefondue sind hier köstlich. Das gemütliche Ambiente und die schöne Terrasse sorgen für Wohlgefühl.
Via al Santuario 8 | Tel. 03 44/ 5 52 41 | Di geschl. | €€

Abendgestaltung

Kulinarisches Fest mit Tanz und Musik
SAGRA DI SAN GIOVANNI

Am letzten Wochenende im Juni wird in Ossuccio das Johannisfest (Sagra di San Giovanni) zu Ehren des Schutzpatrons gefeiert. Am Samstagabend findet ein festliches Essen mit typisch lombardischen Spezialitäten statt, dazu gibt es Musik, Tanz und ein Feuerwerk. Am Sonntagvormittag wird eine Prozession abgehalten.

Ende Juni wird in Ossuccio die Sagra di San Giovanni gefeiert. Fester Bestandteil des Johannisfestes ist das spektakuläre Feuerwerk über dem See.

ISOLA COMACINA C4

Die einzige Insel im Comer See liegt gegenüber den beiden Dörfern Ossuccio und Sala Comacina. Das kleine Eiland kann auf eine wechselvolle Geschichte zurückblicken und birgt etliche interessante Geheimnisse (→ S. 110). Boote steuern die Insel von verschiedenen Orten am Seeufer an.

www.isola-comacina.it | Ende März–Ende Okt. | Eintritt 6 €

Essen und Trinken

Großes Theater
**LOCANDA DELL'
ISOLA COMACINA**
Benvenuto Puricelli, der das Restaurant auf der Insel Comacina 1976 übernahm, wurde in Sala Comacina geboren und wuchs auch dort auf. Stets hatte er die Insel vor Augen und ihre Geschichten im Ohr: über die legendären Zeiten, als Lino Nessi das Restaurant in den späten 1940er-Jahren eröffnete, als Konrad Adenauer hierherkam, Gregory Peck, Clark Gable, Jeanne Moreau und Alfred Hitchcock. Seit fast 70 Jahren wird das gleiche Menü serviert, eine Auswahl gibt es nicht: Das Menü beginnt mit *antipasto all'isolana*,

Wo heute die Villa del Balbianello ihre Pracht entfaltet, befand sich einst ein kleines Franziskanerkloster, von dem noch die beiden Kirchtürme stehen.

Schinken mit acht verschiedenen Gemüsesorten, dann folgen gegrillte Forelle und geröstetes Hähnchen mit Salat und zum Nachtisch *arancia alla castellana*, Eis mit Blutorangen. Zum Abschluss wird ein Ritus zelebriert: Wirt Benvenuto setzt sich eine geringelte Wollmütze auf und murmelt Zauberformeln. Danach serviert er einen hochprozentigen Likör und tiefschwarzen Kaffee, die dafür sorgen sollen, dass alle bösen Geister verschwinden.

Tel. 03 44/5 50 83 | www.comacina. it | Nov.–März geschl. | €€€

LENNO   C4

1800 Einwohner

Griechische Kolonisten haben Lenno entscheidend mitgeprägt. Als die Römer das Seengebiet besiedelten, schickte Julius Caesar sie hierher, um den Wein- und Olivenanbau zu kultivieren. Noch heute ist eine Ölmühle aus dem Jahr 1850 aktiv. Es wird vermutet, dass Plinius der Jüngere in Lenno seine Villa Comoedia besaß. Zahlreiche Paläste schmücken den Ort, der berühmteste ist die **Villa del Balbianello** auf der Landzunge Dosso di Lavedo mit ihrem Park. An der schönen Seepromenade warten viele Cafés, und ein Lido lädt zum Baden.

Sehenswertes

SANTO STEFANO

Die Kirche ist romanischen Ursprungs, zeigt sich jedoch seit dem 16. Jh. im Barockgewand. Bemerkenswert sind die Fresken aus dem 14. Jh. und ein Weihwasserbecken aus dem 15. Jh. Neben Santo Stefano steht das achteckige, Johannes dem Täufer geweihte Baptisterium aus dem 12. Jh.

Piazza XI Febbraio

MERIAN TOP 10

VILLA DEL BALBIANELLO

Sie diente gleich mehreren Filmen als Kulisse, denn von all den verschwenderisch ausgestatteten Anwesen am Comer See ist die Villa del Balbianello mit ihren Treppen und Terrassen eines der spektakulärsten. Das Haus an der Spitze der Halbinsel Dosso di Lavedo besteht aus zwei Gebäuden, die durch einen Laubengang miteinander verbunden sind. Zypressen und kugelförmig geschnittene Bäume prägen den Park der Villa, die sich Kardinal Angelo Maria Durini im 18. Jh. an der Stelle eines Franziskanerklosters bauen ließ. Nach verschiedenen Besitzerwechseln erwarb Guido Monzino, Leiter der ersten italienischen Expedition zum Mount Everest, 1975 das Architektur-Prunkstück. Bevor er im Jahr 1988 starb, vermachte er das Anwesen der Denkmalpflegeorganisation Fondo per l'Ambiente Italiano (FAI) und legte noch eine großzügige Spende für zukünftige Instandhaltungsmaßnahmen obendrauf. Zu bewundern gibt es u. a. Mobiliar aus dem 17. und 18. Jh., flämische Wandteppiche, venezianische Hinterglasmalereien und zahlreiche Gegenstände, die der Abenteurer von seinen Reisen mitgebracht hat. Die Bibliothek besitzt über 4000 Werke, vor allem Bände über Alpinistik und Geografie.

Via Comoedia 5, Anfahrt mit dem Taxiboot von Lenno (www.taxiboat.net) | Tel. 03 44/5 61 10 | www.visitfai.it/villadelbalbianello | Mitte März–Mitte Nov. tgl. außer Mo und Mi 10–18 Uhr | Eintritt 15 € (Villa und Garten)

Aus den dichten Wäldern, von denen die Insel Comacina bedeckt ist, ragt die Kirche San Giovanni heraus, die der Zerstörung im 12. Jahrhundert entgangen ist.

EIN INSELWIRT KÄMPFT GEGEN DEN BÖSEN FLUCH

Das wechselvolle Schicksal der Isola Comacina

Wie auf einer Wolke schwebend taucht sie aus dem glitzernden See auf, die **Isola Comacina**, vor der Ortschaft Ossuccio gelegen und die einzige Insel im Comer See. Man mag kaum glauben, dass dieses kleine, dicht bewaldete Eiland im frühen Mittelalter wegen seines Reichtums »Chrysopolis«, »Goldene Stadt«, genannt wurde. Das lag vor allem daran, dass reiche Flüchtlinge hier ihr Gold in Sicherheit gebracht haben sollen. Im 17. Jh. formten fromme Christen den Namen dann in Christopoli um – die Stadt Christi.

Zunächst musste die Insel jedoch eine wechselvolle Geschichte durchleben: Im zehnjährigen **Krieg**, der von 1118 bis 1127 zwischen Mailand und Como entbrannte, war Comacina mit Mailand verbündet. Auf der Seite der späteren Sieger zu stehen, nützte den Bewohnern jedoch wenig – Como startete im späten 12. Jahrhundert einen Vernichtungsfeldzug, bei dem alle Bauten gründlich zerstört und die Einwohner vertrieben wurden. Einige, die das Blutbad überlebten, gründeten gegenüber der Insel eine neue Gemeinschaft und nannten diese in Erinnerung an ihre verlorene Heimatinsel »Isola«. Obendrein belegte Bischof Vidulfo von Como die Insel mit einem **Fluch**: Niemals solle mehr jemand auf der Insel leben.

1914 gelangte das Eiland an **Albert I.**, dem König von Belgien, der es 1920 dem italienischen Staat mit der Auflage übergab, ein Refugium für Künstler zu gründen. In den 1930er-Jahren schuf der Architekt Pietro Lingeri im Auftrag des Königs drei Künstlerhäuser – dann verunglückte König Albert I. bei einer Bergbesteigung.

1947 trauten sich Carlo Sacchi, Sandro De Col und Lino Nessi auf die verfluchte Insel. Sie wollten sich zusammentun und ein Restaurant auf der Isola Comacina eröffnen. Dann jedoch kam Sandro De Col bei einem Bootsunfall ums Leben, und Sacchi wurde von seiner Frau ermordet. Der von den dreien verbliebene **Lino Nessi** reagierte verständlicherweise verängstigt und wollte die Idee eines Gasthauses auf der Insel fallen lassen. Doch da lief ihm die englische Schriftstellerin Francis Dale über den Weg. Sie hatte sich eingehend mit der Inselgeschichte beschäftigt und riet ihm zu einem **Feuerzauber**, um dem bösen Fluch ein Ende zu setzen. Lino Nessi eröffnete daraufhin sein Restaurant.

Auch heute noch, unter dem Wirt **Benvenuto Puricelli**, ist der Feuerzauber bei jeder Mahlzeit dabei. Puricelli murmelt dann Zauberformeln und entzündet seinen hochprozentigen Kaffeelikör, auf dass kein Gast seiner Locanda verflucht werde.

Der Zauber scheint zu funktionieren. 2010 wurden die Künstlerhäuser restauriert. Heute wehen die belgische und die italienische Flagge über der Isola Comacina: Beide Länder beteiligen sich an einer **Stiftung**, die belgische und italienische Künstler unterstützt. Und die Besucher der Isola lieben es, Mauerreste hinter Büschen zu entdecken oder über brüchige, verfallende Fundamente der Basilika Sant' Eufemia neben dem Kirchlein San Giovanni zu stolpern.

Blickfang im Parco Teresio Olivelli ist die monumentale Treppenanlage Scalinata.

Übernachten

Nächtigen wie im Film
SAN GIORGIO

Im Familienbetrieb der Cappellettis in Lenno taucht man in eine andere Zeit ein, es mutet wie die Kulisse eines Films an: Jugendstilmöbel, Muranolüster, Antiquitäten und ein Salon, der seit hundert Jahren nicht verändert wurde. Die meisten Gäste buchen hier Halbpension, was keine schlechte Wahl ist. Zum großzügigen, reich bepflanzten Garten gehört ein eigener Badestrand. Die Zimmer sind zwar klein, aber dank der Balkone spielt das keine Rolle.
Via Regina 81 | Tel. 03 44/4 04 15 | www.sangiorgiolenno.com | 33 Zimmer | €

Einkaufen

Prämiertes Olivenöl
OLEIFICIO VANINI OSVALDO

Hier kann man Öl, gepresst aus den Früchten des nördlichsten Olivenhains Italiens, erstehen (→ S. 27).
Via Silvio Pellico 10 | Tel. 03 44/5 51 27 | www.oliovanini.it | Mo–Sa 8–12, 14–18.45 Uhr

Abendgestaltung

Für laue Sommernächte
LIDO DI LENNO

In der hippen Outdoor-Bar des Lido ist die Stimmung am Abend bestens.
Via Comoedia 1 | Tel. 03 44/5 70 93 | www.lidodilenno.com | tgl. 10–1.30 Uhr | Eintritt 5 €

TREMEZZO C4

1300 Einwohner

Tremezzo liegt – wie der Name sagt – auf der Hälfte des Weges zwischen Como und Sorico. Es gehört seit 2014 zusammen mit Lenno, Mezzegra und Ossuccio zur Gemeinde Tremezzina. Ende des 19. Jh. war es eines der bevorzugten Reiseziele des europäischen Adels. Der französische Schriftsteller Stendhal, zu dessen Lieblingsdestinationen der Comer See ebenfalls gehörte, reiste 1816 mit dem Schiff von Como an. Kommt man heute im Sommer hierher, ist Tremezzo vor allem eines: Durchfahrtsstraße mit Lärm und Stau. Aber die Blicke von hier nach Bellagio sind bezaubernd.

»Endlich bekamen wir den lieblichen Strand der Tremezzina und ihre bezaubernden kleinen Täler in Sicht, die, gegen Norden von hohen Bergen geschützt, sich des Klimas von Rom erfreuen ...«
Stendhal (1783–1842)

Sehenswertes

MERIAN EMPFEHLUNG

PARCO TERESIO OLIVELLI

Über die **Scalinata**, die doppelte Treppe, die dem Palazzo Colonna in Rom nachempfunden wurde, betritt man den Park, ein architektonisches und botanisches Juwel. Er gilt als »Parco più bello d'Italia« – einer der schönsten Parks in Italien. Architekt Pietro Lingeri hatte für den Schweizer Fabrikanten Roberto Meier in den 1920er-Jahren eine Villa gebaut und den **Park** sowie die **Tarocchiera** angelegt, ein oktogonales Gebäude, wo sich die Adligen zum Kartenspiel trafen. Prächtige Bäume spenden Schatten, der Rasen ist gepflegt, alles lädt dazu ein, bei einem Picknick auf der Wiese zu sitzen und die nächtliche Illumination zu bewundern. Schön ist auch die Acqua Cheta Lounge Bar (Tel. 0 34/94 18 24 14) im Park, in der häufig Livemusikabende stattfinden. Im Park und auf der Dachterrasse kann man auch tagsüber entspannt sitzen, lesen und trinken.
Via Provinciale Regina 24–26 | ganzjährig geöffnet | Eintritt frei

SAN LORENZO

Die Kirche wirkt besonders vom Wasser aus imposant! Baubeginn war 1775, doch erst hundert Jahre später wurde der Bau im neogotischen und neoromanischen Stil vollendet. Die Fresken im Inneren stammen von Luigi Tagliaferri, der sie in den Jahren zwischen 1906 und 1910 schuf.

Piazza Sagrado San Lorenzo 2

VILLA LA QUIETE (VILLA SOLA CABIATI)

Schon Anfang des 16. Jh. wurden erste Teile der Villa erbaut, im 18. Jh. erhielt sie ihr heutiges Aussehen. Graf Gabrio Serbelloni, Marschall der spanischen Krone, ließ sie 1786 im Louis-Seize-Stil umbauen und durch zwei Seitenflügel ergänzen. Die Villa wird heute für Events vermietet. Man kann die Villa nicht besichtigen, lediglich auf der Website bekommt man einen Eindruck von ihrer Pracht. Am besten lässt sich das Gebäude von der Seeseite aus betrachten.

Via Regina 36 | www.villasolacabiati.com

Übernachten

Belle-Époque-Pracht
GRAND HOTEL TREMEZZO C4

Es ist eines der farbenfrohesten Hotels weit und breit: In der Lobby stehen rote und goldfarbene Samtmöbel, das Musikzimmer leuchtet in den Farben Gelb, Lila, Rosa und Grün. Alles strahlt eine entspannte sommerliche Fröhlichkeit aus. Der Beachpool schwimmt im See, davor ist Sand aufgeschüttet, auf dass ein bisschen Strandgefühl aufkommen möge. Einziger Wehmutstropfen: Zwischen Hotel und See verläuft die viel befahrene Strada Regina. Das schönere Highlight liegt hinter dem Haus: ein Park mit einem weiteren Pool, kleinem Café und vielen ruhigen Liegeplätzen unter Palmen und Bananenbäumen. Sehr ansprechender Spa-Bereich.

Via Regina 8 | Tel. 03 44/4 24 91 | www.grandhoteltremezzo.com | 92 Zimmer | €€€€

Solide Unterkunft
ALBERGO RUSALL

Der freundlich geführte Familienbetrieb liegt oberhalb von

Stolz ragt die Kirche San Lorenzo in Tremezzo auf. 1775 begonnen, wurde der Bau wegen fehlender Finanzmittel erst mit über 100-jähriger Verspätung vollendet.

Tremezzo. Die Zimmer sind einfach, bieten aber alle nötigen Annehmlichkeiten. Es gibt einen Pool, einen Garten, ein Restaurant und einen tollen Blick auf Bellagio.
Via San Martino 2 | Tel. 03 44/ 4 04 08 | www.rusallhotel.com | 23 Zimmer | €

Essen und Trinken

Hochklassig schlemmen mit Traumblick
AL VELUU
Der Blick auf den See lohnt die Anfahrt. Chefkoch Luca Antonini bereitet unvergessliche Penne mit einem Sugo von Tomaten, Oliven und Basilikum zu, auch das Tiramisu ist unübertroffen.
Via Rogaro 11 | Tel. 03 44/4 05 10 | www.alveluu.com | Mi–Mo 12–14.30, 19–22 Uhr | €€€

Im Gewölbe
LA DARSENA
Das ochsenblutrote Hotel plus Restaurant hat einen eigenen Schiffsanleger. Hier wird eine sehr gute, leicht amerikanisierte italienische Küche serviert, dazu gibt es tolle Weine. Mehrsprachiger Service.
Via Regina 3 | Tel. 03 44/4 31 66 | www.hotelladarsena.it | Nov.–März Mi geschl. | €€

Eine Ferienliebe: In der Villa La Collina in Cadenabbia verbrachte Bundeskanzler Konrad Adenauer oft wochenlang während Urlaube.

CADENABBIA C4

700 Einwohner

Cadenabbia – ein Teil der Gemeinde Griante – war im 19. Jh. wie viele Orte auf der Westseite des Lago di Como ein beliebtes Winterreiseziel betuchter Engländer. Hier wurde 1891 die erste anglikanische Kirche Italiens geweiht, und an der Uferpromenade entstand das Hotel Britannia, noch heute beliebter Anlaufpunkt von Urlaubern aus Großbritannien.

In Deutschland wurde der kleine Ort am See durch den damaligen Bundeskanzler Konrad Adenauer bekannt, der hier sein »Ersatzkanzleramt« aufmachte. Zwischen 1957 und 1966 verbrachte er insgesamt 18 Ferienaufenthalte in Cadenabbia – meist in der **Villa La Collina** (→ S. 118), die heute der Konrad-Adenauer-Stiftung gehört und als Hotel sowie Veranstaltungsort genutzt wird. An der Uferpromenade erinnert ein Denkmal an den Politiker, das ihn bei seiner lieb gewonnenen Beschäftigung, dem Boccia-Spiel, darstellt. Stolz ist man in Cadenabbia, dass Adenauer ausgerechnet hierherkam. Dass er Griante gar als seine »zweite Heimat« bezeichnete, wird noch heute im Schulunterricht gelehrt.

Zwischen Tremezzo und Cadenabbia liegt die **Villa Carlotta**, die berühmteste Villa am See. Am Nordende von Cadenabbia steht die **Villa Margherita**, die einst dem Mailänder Verleger Ricordi gehörte und in der Giuseppe Verdi »La Traviata« komponierte. Heute kann man hier ein Ferienappartement mieten.

In Cadenabbia herrscht oft starker Verkehr. Auch der Anleger für die Autofähre von Bellagio befindet sich hier.

Sehenswertes

MERIAN TOP 10

VILLA CARLOTTA

Über eine elegante Freitreppe schwebt man hinauf in die Villa der Villen. Errichtet 1690–1745 für einen Mailänder Bankier, erhielt sie ihren Namen, als Marianne von Oranien-Nassau, eine geschiedene Prinzessin von Preußen, ihrer Tochter Charlotte das Juwel 1850 zur Hochzeit schenkte. Kaiser Wilhelm II. und die britische Königin Victoria haben hier die Seele baumeln lassen. Der romantische Park aus dem 19. Jh., einer der schönsten am See, mit seinen 150 verschiedenen Azaleen- und Rhododendronarten ist im Frühling eine Augenweide. Seit 1927 betreibt eine Stiftung den Palast als Museum. Allein die Prachträume mit ihren Skulpturen, Wandteppichen und Gemälden des 18. Jh. sind eine Besichtigung wert. Leider drängen sich hier im Sommer die Touristen. Die beste Zeit für einen Besuch ist kurz vor Kassenschluss!

Via Regina 2 | www.villacarlotta.it | Ende März–Mitte Okt. 9–19.30 (Kassenschluss 18 Uhr), Mitte März–Anfang Nov. 10–18 Uhr (Kassenschluss 17 Uhr) | Eintritt 9 €

IM VORBEIGEHEN ENTDECKT

SAN MARTINO

Die kleine weiße Wallfahrtskirche steht auf 475 m Höhe oberhalb von Cadenabbia. Ein Pilgerweg führt hinauf zu diesem Ort der Ruhe mit Bilderbuchblick auf alle drei Seearme.

Das milde Klima und die herrliche Landschaft ließen Konrad Adenauer Jahr für Jahr an den Comer See reisen, hier der Blick von Cadenabbia nach Bellagio.

VILLA LA COLLINA

Wo Konrad Adenauer Urlaub machte

Konrad Adenauer (1876–1967) kam im Jahr 1957 erstmals an den Comer See und war – man kann es wohl so sagen – von der Schönheit des Sees, der Landschaft und dem milden mediterranen Klima begeistert. Vermutlich hatte ihm Außenminister Heinrich von Brentano die Gegend empfohlen, dessen Familie aus Tremezzo stammte.

Zunächst wohnte der Kanzler in **Cadenabbia** in der Villa Rosa und der Villa Arminio, bevor er ab August 1959 die **Villa La Collina** bezog. Seine 18 Aufenthalte in neun Jahren – Adenauer reiste für gewöhnlich zweimal im Jahr, im Frühling und im Herbst, an den See – trugen mit dazu bei, dass Italien zum Sehnsuchtsziel der Deutschen wurde. Lieder wie »Lass uns träumen am Lago Maggiore« und »Die Capri-Fischer« wurden in den Hitparaden rauf und runter gespielt.

Die Villa La Collina liegt, wie der Name bereits vermuten lässt, auf einem Hügel, abgeschirmt von der Außenwelt durch einen großen parkartigen **Garten**. Von hier eröffnet sich ein grandioser Blick auf den Comer See, auf Bellagio am Südufer sowie auf die jenseits des Sees aufragenden Bergkämme, die im Frühjahr noch mit Schnee überzuckert sind.

Die Villa selbst, 1899 von der italienischen Adelsfamilie **Suardi**, wohlhabenden Hoteliers aus Mailand, erbaut und zu Adenauers Zeit in französischer Hand, war nur mäßig komfortabel und besaß mit ihren schiefen Türen und knarrenden Dielen einen eher düsteren Charme. Das kühle Wohnzimmer bezeichneten Begleiter Adenauers gar als »Gruft«. Es gab Möbel, jedoch nicht in ausreichender Zahl, sodass das **Hotel Britannia**, ebenfalls in Cadenabbia und das Lieblingshotel britischer Gäste vor Ort, aushalf, ebenso mit Geschirr. Besteck und Tischwäsche brachte der Stab des Kanzlers mit, auch Gasflaschen, mit denen der provisorische Herd betrieben wurde. Warmwasser gab es kaum, und die Kamine wurden nicht in Betrieb genommen. Das Haus war jedoch mit Telefonen und Fernschreibleitungen ausgestattet, sodass es bis 1966 mindestens zweimal im Jahr als »Ersatzkanzleramt« fungierte.

Der Kanzler legte sich in den Ferien bestimmte Gewohnheiten zu. Nie versäumte er etwa die sonntägliche 9-Uhr-Messe in der Dorfkirche von Griante, die Don Fernando Nani zelebrierte. Bewohner und Touristen warteten in ehrerbietiger Distanz auf Adenauer: Die Männer deuteten eine Verbeugung an, die Damen einen Knicks, und ganz Mutige drückten auf den Auslöser ihrer Agfa. Der Weg von der Villa zur Kirche ist heute nach ihm benannt: »**Passeggiata Adenauer**«. Wenn der Terminkalender nicht übervoll war, unternahm er Spaziergänge oder Wanderungen zur Kapelle San Martino, die hoch oben über dem See thront. Auch Schiffsfahrten über den Comer See standen hin und wieder auf dem Programm.

»Cadenabbia ist das schönste Denkmal für Adenauer auf der Welt.« Eintrag der Meinungsforscherin Elisabeth Noelle-Neumann (1916–2010) im Gästebuch der Villa La Collina

Natürlich gab es deutsche Sicherheitsbeamte und die italienischen Carabinieri, die die Villa sicherten. Es soll einer der Carabinieri gewesen sein, der Adenauer in die **Boccia-Regeln** einweihte – der Beginn einer großen Leidenschaft. Das nachmittägliche Spiel war für den Kanzler und seine Entourage ein wichtiges Ritual und eine erholsame, dabei stimulierende Betätigung für Körper und Geist. Wenn seine Termine es zuließen, unternahm er außerdem ausgedehnte Spaziergänge, begleitet von seinen drei Töchtern. Am Abend wurden Schallplatten gehört oder Krimis vorgelesen.

Stets gekleidet in einen grauen Dreiteiler mit Pepita-Hut und Sonnenbrille machte der Bundeskanzler hier praktisch Ferien ohne Urlaub, denn sein ganzer Stab begleitete ihn: mehrere Sekretärinnen, der Kanzlerreferent Selbach, sein Fahrer sowie Sicherheitskräfte. Staatspräsidenten und Regierungschefs kamen und gingen, Journalisten, Berater und Parteifreunde gaben sich die Klinke in die Hand, und manchmal reiste auch das ganze **Kabinett** an. »Wir haben unser Büro von Bonn hierher verlegt«, erinnerte sich seine Sekretärin Anneliese Poppinga. Im Herbst des Jahres 1958 empfing Adenauer 22 wichtige Besucher in der Villa La Collina.

Auch nachdem Adenauer im Jahr 1963 mit 87 Jahren von seinem Amt zurückgetreten war, reiste er weiterhin an den Comer See. Dort widmete er sich u. a. seinen Memoiren; im April 1966 stand er drei Wochen lang in der Villa La Collina dem Maler Oskar Kokoschka Modell.

Das ehemalige Feriendomizil Konrad Adenauers befindet sich heute im Besitz der **Konrad-Adenauer-Stiftung**, die das Anwesen zu einer internationalen Begegnungsstätte für Politik, Wirtschaft, Kunst und Kultur erweitert hat. Jährlich werden hier rund 2000 Gäste begrüßt, die sich in Seminaren, auf Tagungen und in Symposien zu verschiedenen politischen und gesellschaftlich relevanten Themen austauschen.

Seit 1995 ist die Villa außerdem Ort der **Autorenwerkstatt**: Jedes Jahr im Herbst kommen zwölf bis fünfzehn Literaturschaffende zusammen, um aus unveröffentlichten Texten zu lesen und darüber mit Kritikern, Germanisten und Politikern

Oskar Kokoschka, der den Wettbewerb um das Auftragsporträt Adenauers für den Bundestag gewonnen hatte, malte den Kanzler in der Villa La Collina.

zu diskutieren. Unter den Teilnehmern finden sich so bekannte Namen wie Daniel Kehlmann, Hartmut Lange, Patrick Roth, Burkhard Spinnen und Arnold Stadler.

Zu Beginn der 1990er-Jahre kam ein zweites Gebäude hinzu, das am Fuß des Hügels errichtet wurde: Mit der sogenannten **Accademia Konrad Adenauer** wurden 22 zusätzliche Zimmer für Gäste, ein großer Konferenzraum und ein Restaurant mit Terrasse zum See geschaffen.

Auch Ferienreisende können sich einquartieren und dem Geist Konrad Adenauers nachspüren, etwa auf einer der beiden Boccia-Bahnen. Auf zeitgemäßen Komfort braucht allerdings nicht mehr verzichtet zu werden, und im wunderschönen Park gibt es heute einen Pool. Hier finden Besucher etwas ganz Besonderes: ein Stück deutscher Geschichte in Italien.

Griante-Cadenabbia, Via Roma 11 | Tel. 03 44/4 41 11 | www.villalacollina.com | 34 Zimmer | €

Essen und Trinken

*Themenmenüs nach
Art des Chefs*
LA CUCINA DELLA MARIANNA

Die Terrasse gibt dramatische Blicke auf das gegenüberliegende Bellagio frei; wenn die Lichter angehen, ist man wie verzaubert. Jeden Abend wird ein anderes Menü zu verschiedenen Themen gekocht. Man hat die Wahl zwischen zwei und vier Gängen, die Chefkoch Tiziano Valentini vorbereitet hat, um seine Gäste zu verwöhnen.

Via Regina 57 | Tel. 03 44/4 31 11 | www.lamarianna.com | Di–Fr 19.30–21.30, Sa 12.30–13.45, So 12.30–14 Uhr | €-€€

MENAGGIO C3

3100 Einwohner

Schon im 18. Jh. wurde Menaggio als touristisches Reiseziel entdeckt. Der Ort liegt im Schwemmdelta des Flusses Sanagra am Schnittpunkt der **Via Regina** und der Straße nach Lugano. Auch die Fähre nach Varenna fährt hier ab. Eine Umgehungsstraße lenkt den Verkehr vom See und der Altstadt weg, einige Gassen sind Fußgängerbereich und laden zum entspannten Flanieren oder zur Einkehr in eines der zahlreichen Cafés oder Restaurants ein. Die mit Blumen, Platanen und Palmen bepflanzte Uferpromenade umschließt den Ort im Halbkreis. Menaggio ist ein idealer Standort für Wanderer und Mountainbiker, die das Hinterland erkunden möchten. Eine Vielzahl an Wegweisern hilft bei der Orientierung.

Sehenswertes

SANTO STEFANO

Durch die Via Calvi gelangt man von der Piazza Giuseppe Garibaldi, Menaggios zentralem Platz, aus direkt zu der dreischiffigen Kirche, die im 17. Jh. auf dem Fundament eines frühchristlichen Gotteshauses errichtet wurde. In der Apsis beeindrucken die Fresken von Luigi Tagliaferri aus dem späten 19. Jh. Der Glockenturm stammt ebenfalls aus dieser Zeit.

Oberhalb von Cadenabbia schmiegt sich die Wallfahrtskirche San Martino an den Fels. Der Aufstieg zur Kirche wird mit einem Traumblick belohnt.

VILLA MYLIUS VIGONI

1829 erwarb der Frankfurter Heinrich Mylius eine klassizistische Villa im Ortsteil **Loveno**. In Mailand war er durch Bankgeschäfte und Textilhandel zu Reichtum gelangt. Ein weitläufiger englischer Landschaftspark, 1855–1865 von Giuseppe Balzaretti gestaltet, umgibt die Villa mit imposanten Bäumen und exotischen Pflanzen – ein Juwel! Die Villa ist heute Eigentum der Bundesrepublik Deutschland und Sitz des Deutsch-Italienischen Zentrums, das die Zusammenarbeit der beiden Länder in den Bereichen Bildung, Kultur und Wissenschaft fördert. Die Räume mit ihren wertvollen Möbeln, Skulpturen und Gemälden sind donnerstags um 14.30 Uhr und nur im Rahmen einer Führung zu besichtigen (Aug. geschl.).

Via Giulio Vigoni 1 | Voranmeldung unter Tel. 03 44/36 12 32 | www.villavigoni.it | Eintritt 10 €

Übernachten

Zentrale Lage
DU LAC

Das kleine Hotel im Herzen Menaggios, an der Piazza Garibaldi, ist familiär geführt und zeichnet sich durch netten Service aus. Manchmal kann es ein wenig laut sein, dafür ist man mittendrin.

Via Mazzini 27 | Tel. 03 44/3 52 81 | www.hoteldulacmenaggio.it | 10 Zimmer | €

Blick auf Dongo mit dem zentralen Platz und einem kleinen Jachthafen.

Essen und Trinken

Idylle pur
LA VOLPE

Ein wunderbarer Platz oberhalb von Menaggio in absoluter Exklusivlage. Bei diesem Ausblick könnte man fast vergessen zu essen, wenn die Küche von Riccardo Piazzoli und seiner deutschen Frau Barbara nicht so köstliche Gerichte für die Gäste zaubern würde.
Loc. Plesio, Via per Ligomena 2 | Tel. 03 44/3 71 24 | tgl. außer Mi 19–22 Uhr | €€

Aktivitäten

In See stechen
BOOTSVERLEIH

Mit dem eigenen Boot den See befahren? Diesen Traum kann man sich in Menaggio erfüllen, denn auf italienischen Seen dürfen Boote bis 40 PS auch ohne Bootsführerschein gesteuert werden. Nett: die romantischen Abendfahrten, bei denen eine Flasche Prosecco gereicht wird.
Lungolago Castelli | Tel. 3 45/9 01 06 94 | www.acboatrentals.com

DONGO C2/3

3400 Einwohner
Dongo ist bekannt für seine Felsgrotten, in denen einst Wein und Käse gelagert wurden. Heute dienen sie im Sommer als Restaurants. Der Ort bietet einen weiten Blick auf den Monte

Legnone und das Grigna-Gebirge. Bekanntheit erlangte Dongo auch, weil **Mussolini** hier am 27. April 1945 Partisanen in die Hände fiel, als er in die Schweiz fliehen wollte – getarnt in deutscher Wehrmachtsuniform, eskortiert von SS-Männern mit Fahrzeugen voller Gold, Devisen und geheimem Archivmaterial. Seine Geliebte Clara Petacci und er wurden einen Tag später in Mezzegra erschossen und in Mailand kopfüber aufgehängt.

Sehenswertes

PALAZZO MANZI
1824 wurde der Palast im neoklassizistischen Stil für die Adelsfamilie Polti-Petazzi erbaut. Seit 1937 dient er als Rathaus und beherbergt auch das Museum über das Ende des Zweiten Weltkriegs. Sehenswert: der Goldene Saal.
Piazza Paracchini 6

MUSEO DELLA FINE DELLA GUERRA
Das Museum über das Ende des Zweiten Weltkriegs, untergebracht im Palazzo Manzi, dokumentiert die Tage der Befreiung, die Bewegung der Partisanen und die Gefangennahme Mussolinis. Hier hielt man ihn bis zu seiner Erschießung gefangen. Es wurde 2014 modernisiert, der Besucher wird multimedial begleitet.
Piazza Paracchini 6 | www.museofineguerradongo.it | Di–So 10–13, 15–18 Uhr | Eintritt 5 €

SANTA MARIA IN MÀRTINICO
Die romanische Kirche aus dem 11. Jh. wurde Anfang des 20. Jh. restauriert. Bemerkenswert sind die Seitenfassade aus dem 14. Jh. und das silberne Prozessionskreuz von 1513.
Piazzetta Anna Vertua Gentile

SANTO STEFANO
Das ursprünglich romanische Gotteshaus wurde im 18. Jh. im Barockstil umgebaut. Besonders beeindruckend ist im einschiffigen Kircheninneren das Taufbecken aus dem 15. Jh.
Via Cimitero

Essen und Trinken

Rustikal mit Traumblick
TRATTORIA CROTTONE
Oberhalb von Dongo liegt der Crotto der Familie Riella, ein alter Weinkeller aus dem 15. Jh. Einfache Gerichte, aber mit gigantischem Blick.

Via Vanzonico (Straße nach Stazzona, dann der Ausschilderung folgen) | Tel. 03 44/8 14 75 | www.crottone.it | tgl. außer Mi | €

GRAVEDONA ED UNITI C2

2800 Einwohner

Das auf einer Landzunge gelegene Gravedona ist aus kunsthistorischer Sicht einer der interessantesten Plätze am See. Vorrömischen Ursprungs, gewann der Ort im Mittelalter an wirtschaftlicher Bedeutung und verbündete sich mit Mailand. Dadurch machte er sich Friedrich Barbarossa zum Feind. Kühne Gravedoner – so will es die Legende – sollen ihm gar die Krone gestohlen haben. Gravedona bietet viele Möglichkeiten für Wassersport, einen breiten Kiesstrand und einen Lido. Jedes Jahr an Ostern findet im **Palazzo Gallio** in Gravedona zu Ehren der blühenden Diva die »Mostra delle Camelie« statt, eine Ausstellung, auf der zahlreiche Kamelienarten präsentiert und die schönsten prämiert werden.

Sehenswertes

PALAZZO GALLIO

Der imposante Bau wird auch Palazzo delle Quattro Torri (Vier-Türme-Palast) genannt. Sehr prominent steht er am Seeufer im Norden von Gravedona. Architekt Pellegrino Tibaldi entwarf das Gebäude, das an der Stelle des ehemaligen Kastells aus dem 12. Jh. errichtet wurde, im ausgehenden 16. Jh. für Kardinal Tolomeo Gallio. Heute ist der Palast Sitz der Comunità Montana Alto Lario Occidentale und bietet einen würdigen Rahmen für regelmäßige kulturelle Events wie die Kamelien-Ausstellung und das Pianomaster Festival.

Via Regina Levante 2

Mächtig überragt der Palazzo Gallio in Gravedona das Seeufer, einst der Repräsentationsbau des gleichnamigen Kardinals.

SANTA MARIA DEL TIGLIO

Die Kirche steht südlich des Zentrums von Gravedona ed Uniti am See und ist ein Meisterwerk der romanischen Baukunst. Ursprünglich im 6. Jh. als Baptisterium entstanden, wurde sie zwischen 1150 und 1175 in eine romanische Kirche umgewandelt. Der strenge, monumentale Bau ist mit weißem Marmor aus Musso und schwarzem Marmor aus Olcio verkleidet. Ungewöhnlich ist der hohe oktogonale, mit dem Giebeldach verbundene Turm. Der **Innenraum** mit quadratischem Grundriss wird von einem überlebensgroßen Kruzifix beherrscht, das über dem Altar zu schweben scheint. An den Wänden lassen sich Freskenfragmente aus dem 13.–15. Jh. entdecken.

Piazza XI Febbraio

SAN VINCENZO

Direkt neben Santa Maria del Tiglio (s. o.) entstand die Kirche San Vincenzo 1072 als dreischiffige romanische Basilika, wurde im 17./18. Jh. aber völlig barockisiert. Damals legte man auch den Boden höher, um den Bau vor Überschwemmungen zu schützen. Im Inneren gibt es zahlreiche in Marmorrahmen eingefasste Gemälde. Spuren der frühchristlichen Zeit finden sich in zwei Grabinschriften aus dem 6. Jh.

Via Roma

Außenansicht der Kirche Santi Gusmeo e Matteo in Gravedona ed Uniti.

SANTA MARIA DELLE GRAZIE

Ein kleiner Ausflug bergan: Oberhalb von Gravedona steht diese einschiffige gotische Kirche in wunderbarer Hügellage. Sie wurde um 1467 errichtet und war damals Mittelpunkt eines Augustinerklosters, das heute in Privatbesitz ist. Besonders schön sind die Fresken lombardischer Meister vom späten 15. und frühen 16. Jh. sowie der geschnitzte, vergoldete Hochaltar.

Via al Convento

SANTI GUSMEO E MATTEO

Ebenfalls auf einer Anhöhe, aber ein wenig niedriger als Santa Maria delle Grazie (s. o.), befindet sich diese im 17. Jh. umgebaute romanische Kirche in einem kleinen Park. Sehenswert sind die Fresken und die Wandgemälde.

Via di San Gusmeo

Übernachten

Nachhaltig mit Stil
AGRITURISMO-HOTEL CA DEL LAGO
Hier trifft ländliche Tradition auf italienische Gastfreundschaft. Das große schlichte Gebäude wurde überwiegend aus lokalen Steinen und Hölzern errichtet. Ein ebenso schöner wie moderner Wellnessbereich sowie ein großzügiger Pool gehören dazu. Im

Restaurant werden den Gästen regionale Gerichte gereicht, meist mit Zutaten aus dem eigenen Bio-Anbau. Dazu wird Wein aus dem Veltlin ausgeschenkt. Besonders stimmungsvoll wird es, wenn abends auf der Terrasse nur noch Fackeln für romantische Beleuchtung sorgen.

Via alla Poncia 12 | Tel. 03 44/8 27 35 | www.agriturismocadellago.com/de | 11 Zimmer | €

Grandioser Weitblick
ODISSEA

Hoch über Gravedona liegt dieses sehr schöne kleine Hotel. Die jungen Besitzer Federica und Luca haben mit viel Elan und dem energischen Einsatz der Farbe Weiß Frische ins Haus gebracht. Vom Garten und Pool hat man einen weiten Blick auf den Lago. Liebevoll zubereitetes Frühstück, und köstlich wird es, wenn Luca kocht.

Via Taiana 2 | Tel. 03 44/8 18 94 | www.hotelodissea.com | 8 Zimmer, 5 Appartements | €

Bio mit Wohlfühlfaktor
RESIDENCE CAFELICITA

Die charmante, familiengeführte Residenz CaFelicita wurde in Sachen Nachhaltigkeit durch umfangreiche Renovierungen komplett auf den neuesten Stand gebracht. Strom und Warmwasser laufen über die Solaranlage, d. h. neben den fünf Appartements werden auch der Swimmingpool, der Jacuzzi und der kleine, feine Fitness- und Spabereich mit erneuerbarer Energie versorgt. Die Bewässerung des Gartens erfolgt durch aufgefangenes Regenwasser. Oberhalb von Gravedona gelegen, bieten die Appartements und die Terrasse wunderschöne Ausblicke auf den Comer See.

Località San Carlo 82 | Tel. 03 44/8 52 74 | www.cafelicita.com | 5 Appartements für 2–6 Personen | €

Essen und Trinken

Bodenständige Küche
TRATTORIA SAN PIETRO

3 km oberhalb des Ortes befindet sich diese kleine, einfache Trattoria, die traditionelle Gerichte wie zu Großmutters Zeiten auftischt. Besonders köstlich ist die Polenta mit Käse von Mama Titti!

Fraz. Traversa | Tel. 03 44/8 57 65 | Do in der Nebensaison geschl.

DOMASO D2

1400 Einwohner

Das ehemalige **Fischerdorf** 3 km nördlich von Gravedona wirkt noch sehr authentisch. Mit seinen Campingplätzen und Ferienwohnungen ist es ein idealer Urlaubsort für Familien. Am 2 km langen Strand mit Schatten spendenden Bäumen kann man gut baden und Wassersport treiben. Oft weht ein Wind, der optimal für Surfer und Segler ist. Zudem gibt es Minigolfanlagen, Tennisplätze und Wanderwege, die ins bewaldete Hinterland führen. Bekannt ist Domaso auch für seinen Weißwein, der hier schon seit der Römerzeit in den Ortsteilen Pozzuolo und Faggio angebaut wird. Sehenswert sind die Kirche **San Bartolomeo** sowie die neoklassizistische **Villa Camilla**, in der sich seit dem Jahr 1950 das Rathaus befindet, umgeben von einem großzügigen Park.

LIVO UND LAGO DI DARENGO C2

Eine Panoramastraße führt über Peglio nach Livo auf 665 m Höhe. Der Ort ist Ausgangspunkt für eine gut vierstündige Wanderung zur **Berghütte Capanna Como** (www.caicomo.it), die auf 1790 m Höhe am Ufer des Darengo-Sees liegt. Die Hütte ist nicht bewirtschaftet, man sollte also an Proviant denken.

SORICO D2

1200 Einwohner

1432 als Fischerdorf gegründet, war Sorico im Mittelalter von Wehranlagen umgeben. Ein dreistöckiger Turm in der Nähe der Brücke, die über den Fluss Mera führt, ist noch erhalten. Die Mera entspringt im schweizerischen Tal Bergell und durchfließt den Lago di Mezzola, bevor sie in den Comer See mündet. Sorico, am nördlichsten Punkt des Comer Sees gelegen, ist mit seinen Kies- und Sandstränden und dem großen Campingplatz ein idealer Ferienort für Familien mit Kindern.

Sonnenuntergang in Domaso, dem alten Fischerdörfchen am Nordteil des Sees.

Sehenswertes

SANTO STEFANO

Die Pfarrkirche wurde um 1440 erbaut; geblieben ist aus dieser Zeit der Campanile. Anfang des 18. Jh. wurde sie im Barockstil umgebaut. Bemerkenswert ist das Triptychon »Madonna mit Kind und zwei Heiligen« hinter dem Hauptaltar aus dem 16. Jh.

SANTUARIO DI SAN MIRO

Unübersehbar ragt die Wallfahrtskirche in 319 m Höhe über dem Ort empor. Die Kirche ist romanischen Ursprungs, die Fresken jedoch stammen aus dem 16. Jh. und wurden 1987–1990 restauriert. Das Altarbild »Madonna mit dem hl. Miro und dem hl. Michael« stammt von Gian Mauro Della Rovere, genannt Fiammenghino (1616). Der Leichnam des Eremiten Miro von Canzo ist unter dem Hauptaltar bestattet.

Essen und Trinken

Pasta und Pizza
PIZZERIA SPLUGA

Chef Alvo begeistert die Gäste mit seiner Pizza: Sie besteht aus hauchdünnem Teig mit kreativem Belag. Auch die Pasta ist ausgezeichnet. Via V. Emanuele 10 | Tel. 03 44/ 8 41 24 | www.pizzaspluga.it/ | Mi–Mo 10.30–14, 17–1 Uhr | €€

DAS OSTUFER

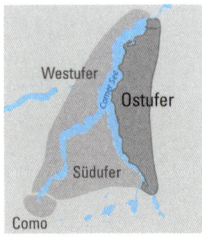

Erst die Habsburger bauten im 19. Jh. eine Straße – davor lag das Ostufer des Comer Sees in einer Art Dornröschenschlaf. Auch heute geht es hier ruhiger zu als am Westufer. Besonders besuchenswert ist der Ort Varenna, aber auch das malerische Val Varrone.

Während die Via Regina, die an der Westseite des Comer Sees verläuft, schon früh Reisende anzog, hinkte die Ostseite zwischen den Orten **Lecco** im Süden und **Colico** im Norden Jahrhunderte hinterher. Die Dörfer und kleinen Städte waren lediglich durch Maultierpfade miteinander verbunden. Als die Lombardei im Jahr 1815 nach dem Wiener Kongress den Habsburgern zugesprochen wurde, ließen diese eine Straße am Ostufer bauen. Wer die Strecke heute schnell bewältigen möchte, benutzt die Superstrada SS 36, die etwas abseits des Sees und hauptsächlich durch Tunnel verläuft.

Der rechte Arm des Comer Sees heißt **Lago di Lecco**, ist etwas schmaler als der linke und liegt eingebettet zwischen steilen Gebirgshängen. »Jener Arm des Comer Sees, der sich nach Süden wendet, um zwischen zwei ununterbrochenen Bergketten lauter Buchten und Busen zu bilden, je nachdem die Berge vorspringen oder zurückweichen, verengt sich beinahe mit einem Schlag, um Lauf und Gestalt eines Flusses anzunehmen, gesäumt von einem Vorgebirge zur Rechten und einem weiten Küstenstrich auf der anderen Seite ...«, so beschreibt **Alessandro Manzoni** in seinem Roman »Die Brautleute« (→ S. 152) den Lago di Lecco.

Der Fluss **Adda** fließt bei Colico in den Comer See, verlässt ihn bei Lecco südwärts und macht zwei vorsichtige Versuche, Wasserbecken zu bilden – die Seen Garlate und Olginate –, die jedoch ganz im industriellen Dunst Leccos liegen. Mit der Industrialisierung im 19. Jh. entwickelte sich **Lecco** rasch zum

Lecco ist der größte Ort am Ostufer des Comer Sees und Hauptstadt der gleichnamigen Provinz, er liegt an der Südspitze des Lago di Lecco, des rechten Arms des Sees.

bedeutenden Wirtschaftszentrum. Heute ist es sicherlich kein Ort, an dem man Ferien machen möchte, er bietet jedoch für kulturell Interessierte einige besuchenswerte Museen. Für Urlauber attraktiv sind auf der Ostseite allein **Varenna** in der Seemitte und **Colico** mit seinen weiten Stränden.

COLICO D2

7400 Einwohner

Colico ist der nördlichste Ort am Ostufer und wird vom höchsten Berg am Comer See, dem Monte Legnone (2609 m), überragt. Es entwickelte sich zum beliebten Ferienort für Sportler, besonders für Bergwanderer und Wassersportler. An der Spiaggia Montecchio Nord, einer langen Wiese mit Wohnmobilplatz, sammeln sich Windsurfer und Beachvolleyballfans.

Sehenswertes

MERIAN EMPFEHLUNG

ABBAZIA DI PIONA

Südlich von Colico ragt die Halbinsel Olgiasca in den See und bildet eine Bucht, den Laghetto di Piona. An der Spitze der Landzunge liegt Piona, wo Cluniazenser im 12. Jh. ein **Kloster** (→ S. 136) gründeten. Aus dieser Zeit ist die Klosterkirche San Nicola erhalten. Im 16. Jh. wurde das Kloster säkularisiert und verfiel; erst in den 1930er-Jahren wurde es restauriert, und Zisterziensermönche zogen ein. Besonders eindrucksvoll ist der **Kreuzgang** in einem romanisch-gotischen Stilmix. Die Abtei hat einen eigenen Anleger, den die Linienschiffe anfahren. Schön ist auch der etwa einstündige Spaziergang von Colico zu dem herrlich stillen Ort. Ein weiteres Plus: Im Klosterladen verkaufen die Mönche selbst gemachte Liköre und Honig.
www.cistercensi.info/piona

FORTE DI FUENTES

Die Festung befindet sich oberhalb von Colico an einem strategisch wichtigen Punkt, von dem aus der gesamte obere Comer See kontrolliert werden konnte. Sie wurde 1603 während der spanischen Besatzung vom spanischen Gouverneur Mailands, Pedro Enríquez de Acevedo, **Herzog von Fuentes**, in Auftrag gegeben und diente der Verteidigung gegen die Angriffe der sogenannten Drei Bünde (heute Graubünden). 1796 wurde sie unter Napoleon zerstört, nur einige Ruinen sind erhalten. Diese wurden im Ersten Weltkrieg von der italienischen Armee genutzt. Von hier oben bietet sich ein wundervolles Panorama: auf das Naturschutzgebiet Pian di Spagna (www.piandispagna.it), auf die Halbinsel von Piona und auf das hellgrüne Wasser der Adda, die hier in den See fließt.
www.fortedifuentes.it | Ostern–Nov. Sa, So 10–18, Aug. tgl. 10–18 Uhr

Der beliebte Ferienort Colico mit kleinem Jachthafen ist ein Paradies für Wassersportler.

Die Luftaufnahme zeigt die Halbinsel Olgiasca, auf der sich die Abtei von Piona mit Klosterkirche und Kreuzgang, Klostergarten und eigenem Anleger ausbreitet.

DIE ABTEI VON PIONA (ABBAZIA DI PIONA)

Ein magischer Kraftort

Hinten die Berge, vorne der See und mittendrin alles Grün. Die Cluniazensermönche erwiesen guten Geschmack, als sie im 12. Jh. in dieser malerischen Lage ein Kloster gründeten.

Auf dem beschaulichen Hügel der **Halbinsel Olgiasca** südlich von Colico scheint die Zeit stehen geblieben zu sein. Die Ruhe der heute hier lebenden Zisterziensermönche breitet sich über die Abtei und den großzügigen Park aus. Majestätisch erhebt sich der Monte Legnone hinter dem Stift. An dieser Stelle soll es schon im 8. Jh. ein Kloster oder zumindest eine klösterliche Gemeinschaft gegeben haben.

Die Klosterkirche **San Nicola** wurde 1257 im romanischen Stil fertiggestellt. Im Kirchenschiff sind noch antike Fresken aus dem 2. Jh. von der Auffahrt Christi zum Himmel zu sehen. Der wunderschöne, schlicht gehaltene **Kreuzgang** mit quadratischem Grundriss, den Prior Bonaccorso de Canova in den

Jahren 1252–1257 erbauen ließ, hat eine meditative Ausstrahlung. Romanik und Gotik verbinden sich hier zu einem harmonischen Ganzen. 40 Säulen und vier tragende Stützpfeiler säumen die Anlage, alle sind unterschiedlich verziert. Von den Wandfresken bezaubern besonders der illustrierte Kalender aus der frühgotischen Zeit. In diesem werden Heilige gezeigt und das Leben der damaligen Landbevölkerung dargestellt.

Heute leben hier **Zisterziensermönche**, die sich einem Leben bestehend aus Gebet, Lektüre und Arbeit verschrieben haben. Nachdem die Abtei 1798 verlassen wurde und im Verfall begriffen war, renovierte der Zisterzienserorden Kirche, Kreuzgang und Kapitelsaal und hauchte allem neues Leben ein. Der Kapitelsaal ist der Versammlungs- und Leseort der Mönche. Die massiven Sitzbänke aus Holz stammen aus der Sakristei der Kirche San Zeno in Verona.

Berühmt sind die Zisterziensermönche von Piona für ihre traditionelle Herstellungsweise von **Kräuterlikören**. Diese und weitere Naturprodukte, etwa Honig, aber auch Heilkräuter, können im eigenen Klosterladen erstanden werden. Der **Gocce Imperali** ist wohl der bekannteste Kräuterschnaps, den die Mönche produzieren. Nur in drei weiteren Zisterzienserklöstern brennen die Mönche diesen Likör. Das Rezept geht auf das 18. Jh. zurück. Der hochprozentige Gocce Imperali wird vor allem zur Förderung der Verdauung getrunken – und weil er schmeckt. Man kann ihn gut Tee und Kaffee beimischen – pur sollte der Schnaps auf Grund des hohen Alkoholgehaltes nicht zu sich genommen werden. Wer keine Lust auf Alkoholisches hat, kann auch zu den leckeren Keksen greifen.

Aber nicht nur im Klosterladen und dem Kreuzgang kann man sich länger aufhalten. Der Sprung ins Wasser in der ruhigen Strandbucht, die die Halbinsel einschließt, und ein Spaziergang durch den großzügig angelegten **Klostergarten** lassen den Tag schnell vergehen. Hohe Zypressen rahmen den Weg. Azaleen, Rosen und Rhododendren schmücken den Garten. Hinterm Olivenhain findet sich ein besonderer Ort zum Entspannen: in einer kleinen **Felsengrotte** steht ein Altar samt geschmückter Marienstatue.

Die historische Karte von 1707 zeigt die weitläufige Festung Forte di Fuentes oberhalb von Colico, die heutzutage nur noch als Ruine erhalten ist.

Übernachten

Modern und chic
HOTEL SEVEN PARKS
Das elegante Resorthotel liegt direkt am Strand und besitzt zwei Pools, eine große Liege-wiese, ein Restaurant und eine Beach-Bar. Am schöns-ten sind die Lake-Rooms mit eigener Terrasse zum See.
Via Montecchio Nord 21A | Tel. 03 41/1 65 30 04 | https:// seven-park.comolake-hotels.com| 36 Zimmer | €€

Essen und Trinken

Weinbar mit regionalen Spezialitäten
IL PORTOVINO
Die Familie Cornaggia bietet in ihrem Restaurant neben frischem Fisch auch köstliche Wildgerichte, Pasta und Wurstwaren aus der Region an. Hinzu kommt eine über-aus große Weinauswahl.
Via Montecchio Nord 2 | Tel. 03 41/94 02 53 | www.portovinocolico.it | €€

CORENNO PLINIO D3

Das alte Festungsdorf Corenno Plinio lockt Besucher mit dem **Castello Andreani** aus dem frühen Mittelalter. Es ist eine der besterhaltenen Festungen der Lombardei. Direkt daneben er-hebt sich die Kirche **San Tommaso**, die dem englischen Mär-tyrer Thomas Beckett, Erzbischof von Canterbury, geweiht ist.

Der Innenraum ist mit Fresken aus dem 14. bis 16. Jh. ausgeschmückt. Von dem schönen Kirchplatz mit seiner riesigen Kastanie führen enge, ausgetretene Treppengassen hinunter zum Wasser. Der kleine Spaziergang wirkt wie eine Wanderung durch eine historische Kulisse – sehr idyllisch!

DERVIO C3

2600 Einwohner

Auf dem Schwemmland des Flusses Varrone gelegen, ragt Dervio am Fuße des Monte Legnoncino (1714 m) fast halbkreisförmig in den See hinein. Besonders ansprechend ist die Seepromenade mit Kieselstrand und Liegewiesen – sehr beliebt bei Campern und Wassersportlern. Doch Dervio ist kein ausgesprochenes Touristenziel, sondern blickt auf eine lange Tradition als Industriestandort zurück. Etwas oberhalb liegt das **Castello di Orezia** aus dem 14. Jh. – ein Hinweis, dass Dervio im Mittelalter ein bedeutender Ort war.

VAL VARRONNE D3

Das Tal mit den malerischen Dörfern Vestreno, Sueglio, Introzzo und Tremenico bietet Idylle pur. Das sonnenverwöhnte Gebiet ist für seinen Obst- und Weinanbau bekannt. Für Bergwanderer gibt es zahlreiche Ausflugsmöglichkeiten. Von Dervio aus sind die schmalen Serpentinen, die man bei der Anfahrt überwinden muss, berüchtigt. Wer es gerne entspannter mag, fährt von Bellano aus über Taceno ins Tal.
www.ecomuseodellavalvarrone.it

BELLANO C3

3200 Einwohner

Bellano bezaubert Besucher mit einer verwinkelten Altstadt und einem Uferpark. Die meisten kommen jedoch wegen der **Orrido di Bellano**, einer Schlucht, die der Fluss Pioverna in vielen Millionen von Jahren während der Schmelze des Addagletschers ins Gestein gegraben hat. Die Pioverna durchströmt das Valsassina, um dann aus 64 m Höhe in die Tiefe zu stürzen. Die Klamm kann auf einem bequemen Weg durchquert werden – ein eindrucksvolles Schauspiel.

April–Sept. tgl. 10–13, 14.30–19 (Juli, Aug. durchgehend), Okt., Nov., März Sa, So und Feiertage 10–12.30, 14.30–17, Dez.–Feb. Sa, So und Feiertage 14–17 Uhr | www.comune.bellano.lc.it

◉ IM VORBEIGEHEN ENTDECKT

CÀ DEL DIAVOLO

In Bellano steht am Eingang zum Orrido di Bellano das »Haus des Teufels«, ein kleiner, vierstöckiger Turm. Im vierten Stock sieht man Figuren, die von satanischen Ritualen an diesem Ort berichten. Die Einheimischen besuchten diesen Ort einst weit weniger gern als die Touristen heute – sie fanden ihn nicht beeindruckend, sondern geradezu unheimlich und dichteten der Schlucht an, hier hause der Teufel.

ESSEN UND TRINKEN

Am Seeufer
CAVALLO BIANCO

Das »Weiße Pferd« hat eine Terrasse direkt am See. Hier schmeckt die Pizza einfach wunderbar! Auch der *lavarello* (Felchen) mit Risotto ist ein Genuss. Abends sind die Tische schnell belegt.

Via V. Veneto 29 | Tel. 03 41/ 81 03 07 | Di–So 12–14.30, 19–23.15 Uhr | €€

MERIAN TOP 10

VARENNA C4

800 Einwohner

»La Perla del Lago di Como«: Kleine verkehrsberuhigte Gassen schlängeln sich entlang bunten Villen, dazu ein traumhafter Blick auf den See. Kein anderer Ort auf der Ostseite des Lario ist so reizvoll wie Varenna. Schon im Jahr 493 wird der Name erstmals genannt. Um das Jahr 1000 hatte Varenna eine große Bevölkerung und war mit einer Wehrmauer umgeben.

Elne kühle Alternative an heißen Sommertagen ist ein Besuch der Orrido-Schlucht, die sich bequem auf hölzernen Stegen durchqueren lässt.

In den nächsten Jahrhunderten folgten – wie in so vielen Orten am Comer See – aufreibende Kleinkriege und verheerende Verwüstungen. 1169 ließ sich eine Gruppe von Flüchtlingen der Insel Comacina (→ S. 107) hier nieder.

Wer mit dem Schiff über den See kommt, geht in Olivedo ein Stück nördlich von Varenna an Land. Von hier nach Varenna verläuft ein Panoramaweg am Ufer entlang, die **Passeggiata degli Innamorati** (Spazierweg der Verliebten). Das mittelalterliche Varenna, idyllisch an einen Felsen gebaut, wird vom Campanile der Kirche San Giorgio und der Ruine des Castello di Vezio überragt. Von hier brach der Sohn des Bäckers Pirelli auf, um in Mailand eine Kautschukfabrik zu gründen, die zur Weltmarke wurde. Das war im Jahr 1872.

Sehenswertes

VILLA MONASTERO

Nonnen von der Insel Comacina gründeten hier 1208 ein **Kloster**. Im 16. Jh. erregte das zu »weltliche Treiben« der Ordensschwestern jedoch den Zorn der Kirche, sodass das Kloster 1576 schließen musste. Ein Adliger aus dem Valsassina erwarb den Besitz und verschönerte den Park und die Gebäude. Seit den 1950er-Jahren gehört die Villa der Gemeinde und

Vor der Kulisse des Castello di Vezio oberhalb von Varenna führt in den Sommermonaten fast täglich ein Falkner Greifvögel und Eulen in einer Flugschau vor.

dient als Kongresszentrum ebenso wie als **Museum** mit
14 Räumen, in denen v. a. Möbel, Gemälde und Skulpturen der
ehemaligen Besitzer ausgestellt sind. Auch der Botanische
Garten entwickelt sich stetig weiter. Jedes Jahr werden neue
Pflanzenarten gepflanzt, im Jahr 2013 waren es sogar über
1000 neue Blumen- und Pflanzenarten. Dank des milden Klimas scheint hier immer etwas zu blühen.
Via Polvani 4 | www.villamonastero.eu | Garten: März–Okt. 9.30–18 Uhr,
Villa: Juni–Juli Di–So 9.30–19, Aug. tgl. 9.30–19, Sept., Okt. Do 13–18,
Fr–So und Feiertage 9.30–19 Uhr | Haus und Garten 9 €, nur Garten 6 €

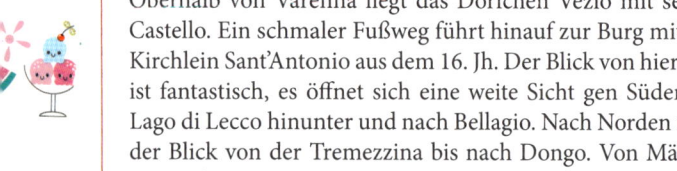

8 MERIAN EMPFEHLUNG

CASTELLO DI VEZIO

Oberhalb von Varenna liegt das Dörfchen Vezio mit seinem
Castello. Ein schmaler Fußweg führt hinauf zur Burg mit dem
Kirchlein Sant'Antonio aus dem 16. Jh. Der Blick von hier oben
ist fantastisch, es öffnet sich eine weite Sicht gen Süden den
Lago di Lecco hinunter und nach Bellagio. Nach Norden reicht
der Blick von der Tremezzina bis nach Dongo. Von März bis
November gibt es eine **Greifvogelschau**.
www.castellodivezio.it

ÜBERNACHTEN

Familiengeführt
ALBERGO OLIVEDO

Charmant ist das altmodische Interieur und großartig die Lage der Jugendstilvilla direkt am See. Ein toller Ausblick und liebevolle Gastgeber sind hier garantiert.

Piazza Martiri della Libertà 14 | Tel. 03 41/83 01 15 | www.olivedo.it | 10 Zimmer | €

Fantastische Lage
VILLA CIPRESSI

Die historische Villa, die zwischen dem 15. und 18. Jh. errichtet wurde und heute aus mehreren Gebäuden besteht, liegt kurz vor Varenna direkt am See. Jahrhundertelang in Privatbesitz, wurde sie 1980 von Privatleuten und der Stadt Varenna gekauft, um sie vor dem Verfall zu retten. Seither wird sie als Hotel genutzt. Der weitläufige Garten erstreckt sich bis zum See hinunter. Die öffentlichen Räume des Hauses strahlen eine altmodische Eleganz aus, die Zimmer sind einfach, bieten aber einen fantastischen Blick, wenn man eines der Zimmer zum See hin reserviert. Restaurant im Haus.

Wer kein Gast ist, kann an der Hotelrezeption Eintritt bezahlen, um den wunderschönen Park zu besichtigen.

Via IV Novembre 18 | Tel. 03 41/83 01 13 | www.hotelvillacipressi.it | 36 Zimmer | €€

Lange Geschichte
ROYAL VICTORIA

Einst eine Weberei, wurde das Haus schon vor 200 Jahren in ein Hotel umgewandelt. 1838 kam die englische Königin Victoria zu Besuch, daher der Name. Terrassen führen vom Haus direkt ans Wasser. Zum Haus gehört ein sehr angenehmes Restaurant, im Garten gibt es einen Pool.

Piazza San Giorgio 5 | Tel. 03 41/81 51 11 | www.royalvictoria.com | 21 Zimmer | €€€

ESSEN UND TRINKEN

Seeblick
VECCHIA VARENNA

In der Altstadt von Varenna sitzt man auf der Terrasse direkt am Wasser. Die Familie Castiglioni serviert seit 1987 Köstlichkeiten aus dem See, traditionell zubereitet.

Contrada Scoscesa 14 | Tel. 03 41/83 07 93 | www.vecchiavarenna.it | Di–So | €€

Gibt es ein Monster im Comer See?

Eine sechs Meter lange Schlange mit dreieckigem Kopf wurde im Comer See gesichtet! Oder war sie doch nur drei bis vier Meter lang, hatte Entenfüße und einen Schweinehintern? Nein, nein – vielmehr misst sie zehn Meter, ist von grüner Haut und schwarzen Streifen überzogen. Scheint ein echter Gestaltenwandler zu sein – das **Monster** vom Lago di Como.

Über sein Äußeres wird seit Jahrzehnten gerätselt, nur eines steht fest: Der Lariosaurus ist eine eher schüchterne, zurückhaltende Berühmtheit. Niemals hat er sich aufspüren oder gar fotografieren lassen. Dabei waren sich die Augenzeugen 1940 und auch 1946 so sicher, dass es nicht nur in Schottland Seeungeheuer gibt – sondern auch in ihrem Lario.

Einen Dämpfer bekamen die euphorischen Paparazzi des vermeintlichen Monsters, als zwei Männer 1946 – angeblich nach zweistündigem Kampf – einen riesigen Stör aus dem See zogen und an Land brachten. Sollte es das schon gewesen sein? Ein großer Stör statt eines gruseligem Lariosaurus?

Doch 1957 wurde abermals ein Ungeheuer gesichtet: Leuchtende Augen in einem dreieckigen Kopf erschienen überm Wasser. Und immer wieder gab es Hinweise darauf, dass da etwas ist im See, was niemand zuordnen kann. Zuletzt berichtete ein Paddler 2004, dass er eine Luftblase von einem halben Meter Größe gesehen habe.

Inspiriert von den Ereignissen schlug die Geschichte um das Seeungeheuer hohe Wellen. Die »**New York Times**« berichteten vom vermeintlichen Monster, im Jahr 2000 schrieb Giovanni Galli seinen Roman »Il Lariosauro«, und Gregor von Laufens hinterfragte in »Lariosauro – C'è un monstro nel lago?« die Berichte der Augenzeugen.

Dass tiefe Seen, deren Grund man nicht sehen kann, gern Monstermythen heraufbeschwören, ist nicht neu. Interessant ist, was der deutsche Journalist und Dolmetscher **Ulrich Magin**, zu dessen Hauptthemen Sagen und Mythen gehören, in sei-

Welches Geheimnis birgt der Comer See? Lebt in den Tiefen des Gewässers eine ungeheure Kreatur? Besucher können sich auf die Suche begeben.

nem 2008 erschienenen Buch »Die Seeschlange vom Comer See. Geheimnisvollen Seeungeheuern im Gardasee, im Comer See und im Lago Maggiore auf der Spur« aufführt: Der **Mythos** von Seeungeheuern in den oberitalienischen Seen ist noch am Werden. Soll heißen, dass sich hier verschiedene Ungeheuer-typen gegenüberstehen, bis sich einer verfestigt und von da an am glaubwürdigsten erscheint. Im Anhang seines Buches listet der Autor einen Überblick über die Sichtungen auf.

Der eigentliche Lariosaurus war übrigens ein **Reptil** von einem Meter Länge, hatte einen langen Schwanz und eine kro-kodilsähnliche Erscheinung. Es lebte bis vor 235 Millionen Jahren in Asien und Europa, u. a. auch um Perledo und Varese herum. Im **Castello di Vezio** (→ S. 142), oberhalb von Varen-na, sind Versteinerungen vom Lariosaurus ausgestellt. Spätes-tens dann wird klar, dass der es nicht war, den die Bewohner am Comer See zu erblicken meinten.

FIUMELATTE C4

Schon der Name klingt geheimnisvoll: »Milchfluss«. Der gerade einmal 250 m lange, über viele Steine sprudelnde – und deshalb weiß erscheinende – Wildbach entspringt einer Karstgrotte oberhalb des gleichnamigen Orts und rauscht nur von März bis Oktober den Berg hinunter. Es wird vermutet, dass er einem Becken entspringt, das sich zur Schneeschmelze mit Wasser füllt. Schon der römische Naturphilosoph Plinius der Ältere und Leonardo da Vinci, der im Codex Atlanticus darüber berichtet, staunten über das Phänomen.

MANDELLO DEL LARIO D4

10 000 Einwohner

Die Industrie- und Handwerkerstadt ist als Heimat von Moto Guzzi bekannt – Italiens berühmter Motorradmarke. Seit 1921 werden die Zweiräder mit dem markanten Adler hergestellt. 2004 wurde Moto Guzzi von Piaggio gekauft. Für alle, die sich für die eleganten Feuerstühle interessieren, lohnt sich ein Besuch im **Museo Moto Guzzi** (www.motoguzzi.it > Tradizione > Museo). Hier kann man mehr als 150 legendäre Motorräder, Prototypen und Motoren besichtigen.

Essen und Trinken

Bodenständige Küche
SALI E TABACCHI
Die kleine Osteria oberhalb von Mandello del Lario hat sich der Slow-Food-Bewegung angeschlossen. Familie Lafranconi serviert hausgemachte Pasta, dazu Fisch aus dem See oder Kaninchen sowie *costoletto d'agnello* (Lammkotelett), im Herbst Polenta mit Wild oder auch mit Pilzen. Wunderbar zum Abschluss ist der Käseteller mit Produkten aus den nahen Tälern. Im Speiseraum sitzt man auf alten Stühlen unter einer Gewölbedecke. Von den Eckfenstern des Restaurants sieht man auf die Piazza mit der Dorfkirche.

Maggiana (oberhalb von Mandello del Lario), Piazza San Rocco 3 »alla Torre del Barbarossa« | Tel. 03 41/73 37 15 | www.osteria salietabacchi.it | Mo, Di geschl. | €€

Gleich hinter dem Bahnhof von Mandello del Lario wartet das Moto-Guzzi-Werksmuseum auf motorradbegeisterte Besucher.

LECCO D5

46 000 Einwohner

Der größte Ort des Ostufers liegt an der Südspitze des Lago di Lecco, umgeben von den Gipfeln des Resegone (1875 m). Wahrzeichen der Stadt ist die Brücke, **Ponte Azzone Visconti**, über die Adda, die Azzone Visconti im 14. Jh. in Auftrag gab und die nach ihm benannt ist. Ihre heutige Form stammt allerdings aus dem 17. Jh. Abgesehen vom gut erhaltenen **Altstadt-kern** mit schönen Gassen, einer langen Promenade am Ufer und vielen schicken Cafés ist die Stadt deutlich als Industrie-standort zu erkennen: Sie ist von unattraktiven Neubauten und Industrieanlagen umgeben. Die Dörfer und die Landschaft um Lecco sind Auftakt und roter Faden in Alessandro Manzonis Roman »Die Brautleute« (→ S. 152). Das Werk gilt als einer der Beiträge Italiens zur Weltliteratur und wurde von Goethe bis Umberto Eco überschwänglich gelobt.

Sehenswertes

VILLA MANZONI

In dieser klassizistischen Villa verbrachte Alessandro Manzoni (1785–1873) einige Jahre seiner Kindheit. Im Erdgeschoss widmet sich das **Museo Manzoniano** seinem Leben und Werk.

Im ersten Stock werden in der **Galleria Comunale d'Arte** Werke zeitgenössischer Künstler neben einer Sammlung von Gemälden aus dem 17. bis 20. Jh. gezeigt.

Via Guanella 1 | Tel. 03 41/48 12 47 | www.museilecco.org | Di–Fr 9.30–18, Sa, So 10–18 Uhr | Eintritt 6 €

PALAZZO BELGIOJOSO

Der Palast aus dem 18. Jh. beherbergt heute neben dem **Museo Archeologico**, dem **Museo di Storia Naturale** und dem **Museo Storico** auch die Sternwarte. Im Archäologischen Museum sind in acht Sälen Funde von der Altsteinzeit bis zum Hochmittelalter ausgestellt. Das Naturkundemuseum gehört zu den ältesten der Region, in zwölf Sälen ist hier eine zoologische Sammlung zu sehen, darunter Fossilien des Lariosaurus: Die allerersten wurden 1830 hier am Comer See entdeckt. Das Museum für Geschichte befasst sich mit der Zeit des Risorgimento, mit der Industriegeschichte, mit dem Faschismus in Italien und dem Widerstand.

Corso Matteotti 32 | www.museilecco.org | Di–Fr 9.30–14, Sa, So 10–18 Uhr | Eintritt 6 €

CENTRO MERIDIANA

Stararchitekt Renzo Piano entwarf im Herzen der Stadt einen urbanen Park von ganzen 32 000 m². Dazu gesellt sich ein eindrucksvolles modernes Gebäude, in dem sich neben Eigentumswohnungen und Büros auch ein großes Einkaufsgebäude, das Meridiana Shopping Centre, nebst Parkhaus befindet.

Largo Caleotto 10 | Shopping Centre: Mo–Sa 8.30–20.30, So 9–20 Uhr

Übernachten

Ein kleines Schloss
LA CA' DEL MASENZI

Liebevoll altmodisch, ein wenig Schnörkel hier, ein bisschen Antik da und dabei trotzdem nicht aus der Zeit gefallen sind die zwei Zimmer, die hier auf Gäste warten. Genau in der Mitte zwischen See und Bergen liegt das B&B perfekt und verspricht beschauliche Ferien. Das Frühstück richten die charmanten Pensionsbetreiber auch gerne nach den Wünschen der Gäste aus.

Via Maria Tramaglino 7 | Tel. 03 41/ 4 93 760 | http://bb-la-ca-del-masenzi.hotels-in-como.net | €

Essen und Trinken

Untouristisch
ANTICA OSTERIA CASA DI LUCIA

In Leccos Stadtteil Aquate liegt diese altmodische Osteria in einem Palast aus dem 17. Jh., gewidmet Lucia, der Protagonistin aus Alessandro Manzonis Roman »Die Brautleute« (→ S. 152). Entsprechend romantisch ist die Atmosphäre. Im Winter knistert ein Feuer im Kamin, im Sommer sitzt man unter einer Pergola im Freien. Carlo Piras bietet regionale Küche: Zum Anfang sollte man die *missoltini* vom Grill mit Polenta probieren. Dann kann es weitergehen mit Tagliolini mit Lachsforelle, Kaninchen mit Oliven, Kalbsleber oder *carpione del Lago* (Forelle). Im Weinkeller lagern Tropfen aus dem Umland.

Via Lucia 27 | Tel. 03 41/ 49 45 94 | www.osteriacasadilucia.it | Di–Fr 12–15, 19– 22.30 Uhr, Sa nur abends, So nur mittags | €

Frisch und köstlich
AL PORTICCIOLO 84

Im gemütlichen Gewölberaum serviert Küchenchef Fabrizio Ferrari auschließlich Fisch: Tintenfisch, Meeresfrüchtesalat und Fischplatten – wunderbar kreative Spezialitäten, die Mittelmeer und Orient, Tradition und Innovation perfekt kombinieren. Dazu wird natürlich gern der passende Wein ausgeschenkt.

Via Valsecchi 5/7 | Tel. 03 41/ 49 81 03 | www.porticciolo84.it | Mi–So ab 19.45, Sa, So auch 12.30–15.30 Uhr | €€

Einkaufen

Die Gassen zwischen Piazza Cavour und der Promenade Lungolago laden zum Flanieren und Einkaufen ein.

Schokolade made in Italy
CHOCOUTLET

Der Name »Chocoutlet« täuscht. Hier gibt es keine ausgesonderte Ware, sondern beste Qualität. Schon seit Generationen stellt die Familie Agostoni ihre eigene Schokolade in Lecco her.

Via Pescatori 53 | www.chocoutlet. it | Mo–Fr 9–13, 14–18.30, Sa nur vormittags

Nicht nur DJ's lieben
The Concept
THE CONCEPT
Mitten in der Fußgängerzone häuft sich ein Sammelsurium an Vinylplatten und CD's verschiedenster Musikgenres und Künstler, daneben gibt es auch Lomo-Kameras & Co. Das fachkundige und ganz offensichtlich musikbegeisterte Personal in diesem Plattenladen der alten Schule findet für jeden Geschmack den passenden Groove.
Via Giuseppe Bovara 21 | Tel. 03 41/ 32 10 15 | Di–Sa 10–19.30 Uhr

Treffpunkt Wochenmarkt
MERCATO DEL LECCO
Auf dem alten Bahnhofsgelände trifft sich mittwochs und samstags auf dem Wochenmarkt der halbe Ort.
Via Giovanni Amendola 59 | Mi, Sa 8–16.30 Uhr

PIANI D'ERNA D5
Von Versasio führt eine Seilbahn auf das Hochplateau Piani d'Erna (1370 m), wo sich eine wunderbare Bergwelt entfaltet, die vom **Monte Resegone** mit seiner typischen gezackten Form überragt wird. Von der Seilbahnstation aus geht es innerhalb von nur zehn Minuten zum Gipfelkreuz. Die Aussicht von hier auf Lecco, Lario und die Berge ist großartig. Leichte, teilweise nicht gut ausgeschilderte Wanderwege führen durch Wälder und Wiesen, es ist aber auch möglich, den Gipfel des Monte Resegone zu besteigen oder dem Naturerlebnis-Lehrpfad Percorso Polisensoriale zu folgen, der dem Wanderer Flora und Fauna der Piani d'Erna nahebringt.

Linker Hand von der Gipfelstation befindet sich der Parco Avventura (Abenteuerpark), der vor allem Kinder begeistert. Auch Restaurants finden sich nahe der Bergstation.
www.pianidibobbio.com/en/piani-d-erna, Mo–Fr 8.30–12.30, 13.30–17.30 (Bahn fährt alle halbe Stunde), Sa, So 8–18 Uhr (Bahn fährt alle 15 Minuten), Berg- und Talfahrt 10,50 €, Aug. 11,50 €

Die Gassen in Lecco, dem größten Ort am Ostufer des Sees, laden zum Einkaufsbummel oder zur Einkehr in einem der zahlreichen Cafés ein.

Alessandro Manzoni (1785–1873), Autor des historischen Romans »I promessi sposi«, der 1827 in der ersten, 1840–42 in der endgültigen Fassung erschien.

»DIE BRAUTLEUTE«

Weltliteratur auf Italienisch

»Jener Arm des Comer Sees, der sich nach Süden wendet, um zwischen zwei ununterbrochenen Bergketten lauter Buchten und Busen zu bilden, je nachdem die Berge vorspringen oder zurückweichen, verengt sich beinahe mit einem Schlag, um Lauf und Gestalt eines Flusses anzunehmen, gesäumt von einem Vorgebirge zur Rechten und einem weiten Küstenstrich auf der anderen Seite …« So beginnt der Roman »I promessi sposi« (»Die Brautleute«) von **Alessandro Manzoni**, der zur Zeit der spanischen Besetzung in den Jahren 1628–1630 spielt, als das Land unter plündernden Söldnerheeren, der Pest und Hunger litt. Mit seiner zeitgemäßen Ausdrucksweise gilt Alessandro Manzoni (1785–1873) als Erneuerer der italienischen Literatursprache. Noch heute ist dieses Buch Pflichtlektüre in italienischen Schulen.

> »Ich habe Ihnen zu verkündigen, daß Manzonis Roman alles überflügelt, was wir in dieser Art kennen«.
> Johann Wolfgang von Goethe (1827)

Der psychologische Realismus von Manzonis Charakteren ist in der italienischen Literatur unübertroffen. Das Buch erlebte bereits im ersten Jahr 40 Auflagen und avancierte zum Kultbuch des Bürgertums. Worum geht es?

Ein junges Paar vom Land – **Renzo** ist Seidenspinner und **Lucia** ein Bauernmädchen – will heiraten. Doch ihr Glück wird vom reichen, skrupellosen **Don Rodrigo** bedroht, der selbst ein Auge auf Lucia geworfen hat. Die beiden fliehen, das Mädchen findet in einem Kloster Unterschlupf. Renzo zieht nach Mailand, gerät in einen Aufstand, wird verdächtigt, ein Rädelsführer zu sein, und flieht abermals. Don Rodrigo gelingt es, Lucia zu entführen. Ihre Verzweiflung löst bei ihm zwar einen Sinneswandel aus, doch das Paar ist weiterhin getrennt, da Krieg und Pest das Land überziehen. Renzo erkrankt und überlebt die Epidemie. Er reist nach Mailand, um Lucia zu suchen, und findet die ebenfalls Genesende im Hospital, wo sich auch der sterbende Don Rodrigo befindet. Nach 800 Romanseiten endet die Geschichte mit dem kleinen Glück des Paares.

Zwischen Anfang und Happy End fährt Manzoni reichlich Personal auf. Es erscheinen außer den Genannten der ängstliche Priester, die heuchlerische Nonne, weise Klosterbrüder, hohe Herren mit niedriger Gesinnung und ein Kardinal, dem das Glück der kleinen Leute am Herzen liegt. Des Weiteren spielt Manzoni mit der Fiktion einer wiederentdeckten **Chronik**, da er nicht nur eine Liebesgeschichte erzählen, sondern einen Gesellschaftszustand beschreiben wollte: Mailand und das Dorfidyll, Frieden, der vom Krieg zerstört wird, und das Leben, das nach der Pest wieder erwacht. Und alles vor dem Hintergrund der wunderbaren Landschaft des Comer Sees und der Lombardei. Manzoni wurde in Mailand geboren, verbrachte jedoch seine Kindheit und Jugend in Lecco, wo ihm heute ein **Museum** (→ S. 147) gewidmet ist. Dort werden Führungen zu den Schauplätzen des Romans angeboten: zum Wohnhaus von Lucia, dem Kapuzinerkloster, der Kirche von Don Abbondio und dem Fischerort Pescarenico, von wo die beiden Protagonisten fliehen wollten.

Alessandro Manzoni: Die Brautleute, dtv, München 2003

DAS SÜDUFER

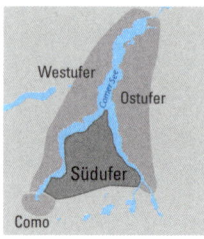

Como ist die größte Stadt, Bellagio jedoch der Star am Comer See. Am Schnittpunkt der Seearme gelegen, diente der Ort lange Zeit als Festung, bis ihn sonnenhungrige Sommerfrischler und Künstler entdeckten. Weitere kleine Orte, Berge und Plateaus prägen das Umland.

Das Dreieck Como–Bellagio–Lecco, das den Raum zwischen den beiden Seearmen einnimmt, wird **Triangolo Lariano** – Lario-Dreieck – genannt. Die höchste Erhebung dieser abwechslungsreichen Gegend ist der Monte San Primo mit 1686 m Höhe. Die »Halbinsel« war schon in vorgeschichtlicher Zeit besiedelt; seit dem 2. Jh. v. Chr. lebten die Römer hier. Plinius der Jüngere baute seine Villa Tragoedia auf dem Bergkegel oberhalb von **Bellagio**. Während des Krieges zwischen Como und Mailand (1118–1127) schlug sich Bellagio auf die Seite Mailands. Nach vielen politischen Wirren ergriffen die Mailänder Visconti erst im 13. Jh. die Macht.

Die 30 km zwischen Bellagio und Como bewältigt man auf einer kurvenreichen Panoramastraße. Die Strecke mit dem Auto zu fahren ist eine Herausforderung, aber eine, die sich lohnt. Sie führt teilweise hoch oberhalb des See durch vom Tourismus weitgehend unberührte Orte.

Bei **Careno**, etwa auf halber Distanz, erreicht man die schmalste Stelle des Seearms. Gerade einmal 650 m sind die Uferseiten hier voneinander entfernt.

Auf der gegenüberliegenden Seeseite sieht man die Villen der Tremezzina mit ihren üppigen Gärten, wohingegen das diesseitige Ufer hinter **Lezzeno** fast kahl daherkommt. Nackte, unbewohnte Hänge beherrschen den Weg und wirken sehr herb. Auch die Ostseite zwischen Bellagio und Lecco gibt sich karg. Nur rund um Bellagio zeigt sich wieder eine fruchtbare Landschaft. Hier befindet sich das Ziel der meisten Reisenden.

Triangolo Lariano, die Landschaft zwischen den beiden Seearmen im Süden des Comer Sees, ist ruhig und beschaulich – perfekt zum Wandern und Genießen.

OLIVETO LARIO C4

1200 Einwohner

Limonta, Vassena und Onno bilden seit 1927 die Gemeinde Oliveto Lario. Diese ruhigen, beschaulichen Orte sind ein starker Kontrast zum touristischen Bellagio. Keine mediterrane Flora, sondern steile Felsen und Kastanienwälder säumen das Ufer am Lago di Lecco, wie der östliche Arm des Comer Sees heißt. Es gibt hübsche Strände mit Blick auf Lierna und die gewaltige Gebirgsgruppe der Grigna.

Essen und Trinken

Traditionelles Fischlokal
TRATTORIA DA ANNA
In der einfachen und authentischen Trattoria von Anna und ihrem Sohn Luca kommt vor allem Fisch, variantenreich zubereitet, auf den Tisch. Fraz. Limonta, Via Armando Diaz 20 | Tel. 0 31/95 10 20 | www.ristorante-da-anna.it | tgl. 9–23 Uhr, Mo, Di abends geschl., Nachsaison nur Fr, So | €

MERIAN TOP 10

BELLAGIO C4

3100 Einwohner
Stadtplan → S. 159

Der Ort liegt genau in der Mitte des Sees auf der Spitze eines Gebirgsvorsprungs. »Bilacus« (Zweisee) sollen die Römer diesen Platz genannt haben. Bis in die Renaissance war der Ort eine **Festung**, dann entwickelte er sich zum Refugium reicher Sommerfrischler und zum Sehnsuchtsziel zahlreicher Künstler. Wer mit dem Schiff in Bellagio ankommt, wird von der Uferstraße mit ihren prunkvollen Fassaden fasziniert sein; dahinter stehen **Villen** mit Gärten am Hang.

> »... auf der Landzunge bei Bellagio, dort, wo der Comer See sich in zwei lange Zipfel teilt, die aussehen wie Harlekinshosen, blau und grün, goldgesprenkelt und glitzernd ...«,
> Louis Begley (* 1933) aus dem Roman »Wie Max es sah«

Auch die nahen Fischerorte Loppia, Pescallo und San Giovanni erfreuen sich großer Beliebtheit. Die »Perle des Sees« war ursprünglich ein idyllischer Ort mit schmalen Gassen und Treppen. Heute reihen sich hier Souvenirläden und Restaurants aneinander. In den Sommermonaten kann man vor lauter Tagestouristen, die mit den Fähren aus Como, Varenna und Cadenabbia kommen, kaum einen Schritt vorwärts gehen. Wer den wirklichen Zauber Bellagios erfahren möchte, sollte andere Jahreszeiten für einen Besuch wählen.

Hoch über dem Ort thront die **Villa Serbelloni** mit dem Bellagio Center der Rockefeller-Stiftung. Im Grandhotel am nördlichen Ende des Ortes findet sich der Name noch einmal. Ab Ende des 18. Jh. entwickelte sich eine regelrechte Villenkultur. Zum Lago di Lecco, der Ostseite des Sees, liegt die **Villa Giulia**, die im frühen 17. Jh. für die Familie Camozzi erbaut wurde. Später gehörte sie dem belgischen König Leopold I. Heute ist sie nicht zugänglich, da in Privatbesitz (→ S. 192). Von der Basilika San Giacomo zehn Minuten bergan liegt die **Punta di Spartivento** (»Spitze, wo der Wind sich teilt«). Von

Die historische Aufnahme zeigt Bellagio um das Jahr 1890, als Reisende begannen, den Comer See für sich als Traumurlaubsziel zu entdecken.

hier bietet sich ein wunderbarer Blick. Gustave Flaubert schwärmte 1845 von der Landschaft: »Eine Aussicht auf drei Seen. Man möchte dort leben und sterben.«

Sehenswertes

❶ BASILICA DI SAN GIACOMO

Die mächtige graue Pfarrkirche San Giacomo beherrscht den Platz oberhalb des Ortes. Sie ist ein Werk der **Magistri Comacini** aus dem 11. Jh., eines der ersten Beispiele romanischer Baukunst, ein sehr schönes Beispiel für den lombardischen Stil am Comer See. Während der Barockzeit wurde die Kirche umgebaut, was man aber im 20. Jh. teilweise wieder rückgängig gemacht hat, um sie wieder in ihre ursprüngliche romanische Form zu bringen, was ihr den Titel Nationaldenkmal einbrachte. Die Grundmauern und die Säulen sind aus Moltrasina-Stein errichtet, die Säulenabschlüsse und die Säulen-Sockel aus Granit, der aus Steinbrüchen der Region geschlagen wurde.

Auffällig ist der große goldene **Altar**. Die liegende Christusfigur ist ein Werk eines spanischen Künstlers des 17. Jh. Der Legende nach wurde sie nach der Zerstörung der Festung

Fuentes bei Colico (→ S. 134) am Nordostende des Sees durch ein Unwetter an den Strand von Bellagio geschwemmt. Sie ist hoch verehrt und wird an jedem Karfreitag in einer Prozession durch die Straßen von Bellagio getragen.

Piazza della Chiesa

9 MERIAN EMPFEHLUNG

2 VILLA SERBELLONI

An diesem wunderbaren Ort hoch über Bellagio soll Plinius der Jüngere seine **Villa Tragoedia** gebaut haben. Das Pendant, seine Villa Comoedia in Lenno, könnte er von hier aus gesehen haben. Im Mittelalter entstand an diesem Platz ein schwer umkämpftes **Kastell**. In der Renaissancezeit fielen der Besitz und die ausgedehnten umliegenden Gebiete an den jungen Marquis Stanga – Lehnsmann des Herzogs von Mailand –, der hier einen prachtvollen Palast errichten ließ. Dieser wurde von einem Feuer zerstört. Im 16. Jh. erwarb die Mailänder Familie Sfondrati das Gelände und begann mit der Anlage des Parks: Der gesamte Hügel verwandelte sich in ein kleines Paradies mit Zitronen-, Orangen-, Buchsbäumen und Lorbeer, die Wege führten über Wiesen mit Rosen, Jasmin, Birn- und Granatapfelbäumen. Von den Sfondrati ging der Besitz 1788 an **Alessandro Serbelloni** (1745–1826) über, der die Salons mit kostbaren Dekorationen und Kunstwerken aus dem 17. und 18. Jh. schmücken ließ. Auch der Park wurde mit neuen Pflanzen ausgestattet: Rhododendren, Oleander und Zedern. Zur Zeit der Serbelloni waren berühmte Persönlichkeiten zu Gast, etwa Franz I., Kaiser von Österreich. 1930 erwarb eine amerikanische Prinzessin das Gebäude, das sie 1959 der **Rockefeller-Stiftung** aus New York vermachte. Der Komplex wird heute für Studienaufenthalte von Künstlern (www.rockefellerfoundation.org/our-work/bellagio-center) und als Veranstaltungsort genutzt. Die Villa Serbelloni selbst ist nicht zugänglich, der Park kann aber im Rahmen einer Führung besichtigt werden.

Anmeldung bei Promobellagio, Piazza della Chiesa 14 | April–Okt. Di–So 11 und 15.30 Uhr | Eintritt 9 €

SEHENSWERTES

1 Basilica di San Giacomo

2 Villa Serbelloni 🚩

3 Villa Melzi ⭐

4 Museo degli Strumenti per la Navigazione

ÜBERNACHTEN

1 Grand Hotel Villa Serbelloni

2 Florence

3 La Pergola

ESSEN UND TRINKEN

4 Mistral im Grand Hotel Serbelloni

5 Bar Pasticceria Rossi

6 Silvio

7 Riverside Snack Bar

8 Ittiturismo Ristorante Mella 🚩

EINKAUFEN

9 Bottega del Legno

ABENDGESTALTUNG

10 Lido Beach Club

Im Schatten exotischer Pflanzen und Bäume verstecken sich im Park der Villa Melzi zahlreiche Skulpturen, darunter auch Dante und seine Jugendliebe Beatrice.

❸ VILLA MELZI

Etwas außerhalb im Ortsteil **Loppia** gelegen, einem ehemaligen Fischerdorf, befindet sich die Villa Melzi direkt am Wasser. Francesco Melzi d'Eril, ein Günstling Napoleons, ließ sich das schnörkellose und elegante Bauwerk in den Jahren von 1808 bis 1810 nach Plänen von Giocondo Albertolli, einem Architekten des Neoklassizismus, errichten. Daraufhin veranlasste Melzis Intimfeind, Graf Sommariva, einen Umbau der Villa Carlotta (→ S. 117) am gegenüberliegenden Ufer bei Tremezzo, sodass diese noch großartiger wirkte.

Genauso bedeutend wie die Villa ist der weitläufige **Park**, der die Villa Melzi umgibt – das erste Beispiel eines englischen Gartens am Comer See. Der Gartenlandschaft wurde mit großem Aufwand angelegt. Zwischen den Bäumen im Park finden sich altägyptische, etruskisch-römische, Renaissance- und neoklassizistische Skulpturen. Pavillons sowie ein idyllischer japanischer Teich vervollkommnen das Bild. Allerdings wurde mit der Anlage des Parks auch die Uferstraße zwischen Bellagio und dem Ortsteil San Giovanni unterbrochen.

Fraz. Loppia | www.giardinidivillamelzi.it | Ende März–Ende Okt. 9.30–18.30 Uhr | Eintritt 6,50 €

❹ MUSEO DEGLI STRUMENTI PER LA NAVIGAZIONE

Faszinierend für alle Seefahrer und Entdecker ist das Museum für **nautische Instrumente**. In einem alten Wohnturm werden über 200 Exponate wie Sonnenuhren, Chronometer, antike Fernrohre, Kompasse und Logbücher ausgestellt. Sie alle stammen aus dem Fundus des Privatsammlers Gianni Gini, der die Objekte über 50 Jahre zusammengetragen hat.

Fraz. San Giovanni, Piazza Don Minotti | www.bellagiomuseo.com | tgl. 10–13 Uhr

Übernachten

Panoramablick, der die Seele öffnet

① GRAND HOTEL VILLA SERBELLONI

Aus dem parkartigen Garten duftet es nach Zitronen, wilden Rosen und Jasmin. Das Grand Hotel Villa Serbelloni verbindet das Ambiente des 19. Jh. mit dem Komfort von heute. Die Erbauer haben sich den schönsten Platz am Comer See ausgesucht: den äußersten Rand von Bellagio, direkt am Wasser mit eigenem Strand und Pool. Um 1850 wurde das elegante Anwesen als Feriensitz einer Mailänder Familie im neoklassizistischen Stil errichtet, kaum ein Vierteljahrhundert später wurde es verkauft und zum Luxushotel umgestaltet. Die verschwenderische Pracht nimmt einem fast den Atem: Fresken und Gemälde, Tapeten und Teppiche, Spiegel, Kristallleuchter und Marmortreppen, dazu Möbel aus verschiedenen Epochen machen das Haus zu einem Gesamtkunstwerk. Hier nächtigten bereits allerlei gekrönte Häupter, etwa aus Spanien, Ägypten und Russland, und auch Politiker wie Churchill, die Rothschilds und Filmgrößen von Mary Pickford bis Al Pacino. John F. Kennedy kam mit Jackie (und später incognito mit Marilyn Monroe). Über die heutigen Gäste wird Diskretion gewahrt.

Seit fast hundert Jahren ist das Hotel schon in den Händen der Schweizer Familie Bucher und damit eines der wenigen Häuser, die noch im Privatbesitz sind. Gianfranco Bucher führt das Hotel in

Wo sich Liszt der Liebe hingab

Der Schriftsteller Stendhal lobte die Villa Melzi, Kaiser Franz Joseph flirtete in ihrem Garten, und Fürst Metternich ging hier ein und aus. Das Anwesen befindet sich heute zwar im Privatbesitz, doch der Garten und die Orangerie – ein kleines Museum, das Fresken und archäologische Funde präsentiert – sind der Öffentlichkeit zugänglich.

Als der ungarische Komponist **Franz Liszt** das erste Mal nach Italien reiste, kam er an den Comer See und schwärmte: »Ich kenne keine Gegend, die so wie diese sichtlich vom Himmel gesegnet ist.« Zusammen mit seiner Geliebten **Marie d'Agoult** flüchtete er 1837 in die Villa Melzi vor dem Pariser Tratsch – und wegen der Schwangerschaft der Gräfin. Sie genossen die Ruhe im malerischen Bellagio, den Blick auf den See und die italienische Lebensart. Ihr Lieblingsort in Bellagio war der **Pavillon** der Villa Melzi. Direkt am See steht der maurische Pavillon umgeben von Zypressen. Schon Melzi genoss hier seinen Nachmittagstee. Gegenüber erhebt sich ein lebensgroßes Denkmal des Dichters Dante und seiner Jugendliebe Beatrice, das der Bildhauer Giovanni Batista Comolli 1810 schuf. Die Statuen von Dante und Beatrice haben Liszt wahrscheinlich zur »Sonate für Dante« inspiriert. Die »Hugenotten-Fantasie« schrieb er für Marie d'Agoult.

»Vor der ärgsten Tageshitze flüchten wir uns oft unter den Platanenschatten der Villa Melzi und lesen die ›Göttliche Komödie‹ zu Füßen von Comollis Bildsäule.«
Franz Liszt (1811–1886)

In Como kam am 24. Dezember 1837 schließlich das gemeinsame zweite Kind zur Welt. Inspiriert von den Ufern des Comer Sees nannten die Eltern sie **Cosima**. Sie wurde in späteren Jahren die Ehefrau von Richard Wagner.

Leidenschaftlich, harmonisch und innig soll die Zeit des Paares in der Villa Melzi gewesen sein. »Wollen Sie einen günstigen Schauplatz für die Geschichte zweier glücklich Lieben-

Der maurische Pavillon im Garten der Villa Melzi gewährt Schatten an heißen Tagen und einen fantastischen Blick auf den See.

der, so wählen Sie die Gestade des Comer Sees«, schrieb Liszt im Spätsommer 1837 überschwänglich an seinen Freund, den Autor Louis de Rochand. Im Frühling des nächsten Jahres verließ das Paar die Villa Melzi. So glücklich wie hier wurden Liszt und d'Agoult niemals wieder, hört man. Denn nur wenig später trennte sich das stürmische Liebespaar.

Die emanzipierte Schriftstellerin kehrte zurück nach Paris, während Liszt' Karriere ihn quer durch Europa trieb. Lange blieben die beiden freundschaftlich miteinander verbunden – bis Liszt eine Affäre mit der Tänzerin Lola Montez begann und Marie's Antwort darauf ihr Roman »Nélida« wurde. Aber auch das schien Liszt ihr zunächst zu verzeihen. Erst als die sechs Jahre ältere Schriftstellerin stirbt, wählt der Virtuose Worte, die zeigen, wie missverstanden er sich letztendlich wohl gefühlt hatte: »Madame d'Agoult hatte im höchsten Maße eine Neigung, ja eine Leidenschaft für das Falsche – ausgenommen in gewissen Augenblicken der Verzückung, an die sich zu erinnern sie später nicht mehr ertrug.«

vierter Generation und kümmert sich um den Erhalt des Familienerbes, was in Italien nicht immer einfach ist. Liebevoll geführt, behutsam modernisiert und technisch auf dem neuesten Stand, öffnet sich das Haus ganz bewusst den Echoräumen der Vergangenheit. Das ist zu spüren abends im Salon, wenn das Streichquartett zu Walzermelodien aufspielt.
Via Roma 1 | Tel. 0 31/95 02 16 | www.villaserbelloni.com | 95 Zimmer | €€€€

Angenehm altmodisch
② FLORENCE

Am Ende der Promenade liegt das Haus der Familie Ketzlar, die es seit 100 Jahren führt. Die Zimmer sind stilvoll renoviert, manche mit Balkon zum Lago. Auf der Hotelterrasse sitzt man unter einer Glyzinienpergola direkt am See, in der Bar wird abends Livejazz gespielt.
Piazza Mazzini 46 | Tel. 0 31/ 95 03 42 | www.hotelflorence bellagio.it | 28 Zimmer | €€

Idyllisches Nachtquartier
③ LA PERGOLA

Von Bellagio aus führt der Weg zum kleinen Hafen von Pescallo, einer autofreien Oase. Direkt am See liegt fern vom Rummel des Tagestourismus dieses kleine Hotel – alle Zimmer haben Balkon und Seeblick. Die Ausstattung ist einfach und authentisch. Angenehm ist das Restaurant mit Terrasse am See, in dem es viele Varianten von gegrilltem Fisch gibt, aber auch gute Pasta!
Piazza del Porto 4 | Tel. 0 31/ 95 02 63 | www.lapergola bellagio.it | 11 Zimmer, 2 Appartements | €

Essen und Trinken

Molekular- und Haute Cuisine
④ MISTRAL IM GRAND HOTEL SERBELLONI

Im Fine Dining Restaurant des Grand Hotels verwöhnt Chefkoch Ettore Bocchia mit sizilianischen Garnelen mit Guacomole-Eis und knusprigen Tintenfischwaffeln, verfeinert mit Kokosnusscreme. Auch der Steinbutt in Zucker, gegart mit Gemüse, Kartoffelschaum und Lauchsoße, ist ein Erlebnis. Das Degustationsmenü, bestehend aus sieben Gängen, kostet 180 €,

Im Park der Villa Serbelloni gedeihen exotische Pflanzen in einem gepflegten englischen Garten, durchzogen von zahlreichen Spazierwegen.

aber à la carte kann auch gegessen werden. Alles schmeckt himmlisch! Schon seit mehr als 25 Jahren ist Ettore Bocchia Spezialist für molekulare Küche in Italien. Einkäufe erledigt der Chefkoch zusammen mit Hotelchef Bucher: Die Mastochsen aus dem Piemont und die Bressehühner werden im Dezember persönlich begutachtet und ausgesucht. Auch um den Weinkeller kümmert sich Direktor Bucher selbst. 400 bis 500 Etiketten finden sich dort.
Via Roma 1 | Tel. 0 31/95 64 35 | www.villaserbelloni.com | €€€€

Jugendstilcafé
⑤ BAR PASTICCERIA ROSSI
Innen sitzt man in legendärer Kaffeehausatmosphäre, und auf der Terrasse ist der perfekte Platz zum »people watching« an der Promenade. Bestens genießt man hier einen letzten Drink am Abend oder einen Cappuccino am Nachmittag mit *dolce*.
Piazza Giuseppe Mazzini 22 | Tel. 0 31/95 01 96

Slow Food
⑥ SILVIO
Christian Ponzini lässt morgens seine Netze im See aus-

Im Grand Hotel Villa Serbelloni in Bellagio lassen sich angenehme Urlaubstage verbringen – direkt am Wasser, mit Pool und eigenem Strand.

werfen, um Fangfrisches auf den Tisch zu bringen. Die Karte bietet auch Fleisch, etwa das köstliche Enten-Carpaccio. Seit fast 100 Jahren befindet sich das Restaurant in Familienbesitz.
Fraz. Loppia, Via P. Carcano 12 | Tel. 0 31/95 03 22 | www.bellagio silvio.com | tgl. geöffnet | €€

Strandbar mit Aussicht
⑦ RIVERSIDE SNACK BAR

Diese nette Bar liegt 2 km südlich von Bellagio direkt am Strand und lockt mit einem eigenen Badesteg sowie einer Schwimminsel. Das alles mit Blick auf die Villa Melzi. Leichte Küche, gute Cocktails, Musik und bestens gelaunte Servicemitarbeiter.
Loc. Fiume, Via La Spiaggia | Tel. 0 31/91 45 35

MERIAN EMPFEHLUNG 10

Köstliche Fischküche aus nachhaltigem Fang
⑧ ITTITURISMO RISTORANTE MELLA

An der Westseite der Bellagio-Halbinsel gelegen, gibt es hier täglich frisch gefangenen Fisch von Fischer Sandro (→ S. 48) in vielen leckeren Variationen. Und der Gast kann sich sicher sein, dass er einen nachhaltig gefangenen

Fisch vor sich auf dem Teller liegen hat. Das Ristorante Mella ist eines der »Ittiturismo«-(»Fischtourismus«-)Restaurants am Comer See, die Fischerei und Gastwirtschaft miteinander verbinden – und das überaus gelungen.

Fraz. San Giovanni, Piazza San Giovanni Batista 6 | Tel. 031/95 02 05 | www.ristorantemella.it | €€

Einkaufen

Vielerlei aus Holz
⑨ BOTTEGA DEL LEGNO

In einem der ältesten Shops von Bellagio finden sich begehrte Raritäten aus Holz. Sie werden hier gefertigt und verkauft: Krippen und Segelschiffe, Mörser und Pfeffermühlen, Schachfiguren und Schmuckschatullen, Vasen und Schüsseln. Mario und Luigi Tacchi – Vater und Sohn – arbeiten mit und leben für das Holz. Meist benutzen sie Olivenholz. Die Kunstwerke sind in Vitrinen ausgestellt. In der Werkstatt sind auch traditionelle Handwerksgeräte zu besichtigen.

Via Garibaldi 22 | www.bellagio. co.nz/tacchi

Abendgestaltung

Angesagte Adresse
⑩ LIDO BEACH CLUB

Der historische Lido aus dem Jahr 1939 ist tagsüber ein schöner Familienstrand mit aufgeschüttetem Sand, Liegen, Sonnenschirmen, Wasserrutsche, Sprungturm und Imbiss, der kalte und warme Kleinigkeiten bietet. Abends verwandelt er sich in eine hippe Partylocation mit internationalen DJs und Disco.

Lido di Bellagio | Tel. 0 31/ 95 11 95 | www.lidodibellagio.com

MAGREGLIO C4

650 Einwohner

Der kleine Ort 10 km südlich von Bellagio liegt auf 750 m Höhe und ist als Station des Radrennens »Il Lombardia« bekannt, das alljährlich im Oktober stattfindet. Der Abschnitt von Bellagio nach Magreglio ist einer der steilsten der ganzen Strecke, sodass sich hier oft Ausreißer absetzen – große Dramatik für die mitfiebernden Zuschauer garantiert!

Sehenswertes

11 MERIAN EMPFEHLUNG

MADONNA DEL GHISALLO

Da »la bicicletta« (das Fahrrad) vielen Italienern als etwas Heiliges gilt, muss es natürlich auch eine Kirche geben, wo Radfahrer hinpilgern können. Die Kirche der Madonna del Ghisallo stammt aus dem 17. Jh. Nach dem Zweiten Weltkrieg beobachtete der Dorfpfarrer viele Radfahrer, die nach der steilen Strecke erschöpft anhielten und vor dem Gemälde der Heiligen Jungfrau Maria in die Knie gingen und beteten. So ersuchte er bei Papst Pius XII um Anerkennung der Madonna di Ghisallo als **Schutzpatronin** der Radfahrer. Der Wunsch ging in Erfüllung. Heute ist die Kirche über und über mit Rädern, Medaillen, Trikots, Wimpeln und Trophäen »geschmückt«. Jedes Stück vermittelt dem Besucher eine Vorstellung der Geschichte, der Anstrengung und des Ruhmes sowie für die Emotionen, die damit verbunden sind.

MUSEO DEL CICLISMO

2006 wurde neben der Kirche Madonna del Ghisallo das **Museum für Radsport** eröffnet. Es zeigt berühmte Rennräder, historische Fotos und Dokumente. Außerdem gibt es eine einmalige Fahrradsammlung, angefangen von den ersten Exemplaren im Handel bis zu den aktuellen Modellen, von Holz bis Karbon. Multimediashows, Bilder, Videos und Zeitungsausschnitte ergänzen die Ausstellung. Das Museum fügt sich trotz seiner Größe harmonisch in die Umgebung ein.

www.museodelghisallo.it | März–Nov. tgl. 9.30–17.30 Uhr | Eintritt 6 €

LEZZENO C4

2000 Einwohner

Lezzeno ist die längste Gemeinde am Comer See. Sie erstreckt sich über rund sieben Kilometer Länge und besteht aus siebzehn Ortsteilen entlang des Ufers sowie an den Hängen der

In Magreglio birgt die Kirche der Madonna del Ghisallo, die seit 1949 als Schutz-patronin der Radfahrer gilt, Votivgaben in Form von Rädern und Wimpeln.

Berge Colmenacco, Forcoletta und San Primo. Der Ort war schon am Ende der Römerzeit bewohnt. Während des zehn-jährigen Krieges zwischen Mailand und Como (1118–1127) wurde Lezzeno wegen seiner Allianz mit Mailand durch die Bevölkerung von Como zerstört. Im Mittelalter gehörten die Bewohner zur Gemeinde der Isola Comacina. Der Legende nach diente der Ort einst als Schlupfwinkel für Hexen. Heute findet man hier ganz ohne Zauberei das beste Wassersport-angebot am See. Im Ortsteil Calvasino liegt der Club Matteri, der die meisten **Riva-Boote** (→ S. 173) am Lago di Como be-herbergt. Die Palette der Handwerksbetriebe reicht von den Werften bis zu mechanischen Werkstätten.

Lezzeno ist auch für eine gastronomische Spezialität be-kannt: die *missoltini*, Seefische, die in der Sonne getrocknet und auf Holzkohle gegrillt werden.

Sehenswertes

SANTI QUIRICO E GIULITTA
Die Pfarrkirche wurde um 1520 erbaut und im 18. Jh. kunst-voll im Barockstil umgestaltet. 1780 wurde sie von Bischof Mugiasca als autonome Pfarrkirche ausgewählt. Orgel und

Lezzeno schlängelt sich über mehrere Kilometer hinweg am Seeufer entlang. Der Ort soll bereits in römischer Zeit besiedelt gewesen sein.

Kanzel sind meisterhafte Schnitzwerke jener Zeit. Den Innenraum beherrscht ein beeindruckendes Fresko des Malers Giulio Quaglio aus dem Jahre 1712. Neben der Kirche steht die kleine Kapelle Madonna dei Ceppi, die aus dem 15. Jh. stammt. 1868 schuf Giuseppe Ferrari die Fassadenfresken.

Piazza Roma 9

Übernachten

Romantisch mit Balkon
B&B NEST ON THE LAKE

Wer wollte nicht immer schon mal einen eigenen Balkon zum See haben? In Lezzeno wird es möglich, sogar mit Glyzinien bewachsen. In einem ehemaligen Fischerhaus aus dem 18. Jh. direkt am Seeufer befindet sich die kleine Pension mit Apparte-ments und fünf Zimmern. Der direkte Zugang zum See mit Strand ist möglich.

Fraz. Sostra 17/19 | Tel. 0 31/91 43 72 | www.nestonthelake.com | €

Essen und Trinken

Fischgenuss
CROTTO DEL MISTO

Auf der zum See hin gelegenen Terrasse herrscht am Abend eine wunderbare Sonnenuntergangsstimmung. Die

Karte bietet fantastische Fischgerichte, u. a. *missoltini* (Heringe), eine Spezialität dieser Region. Netter Service von Alexio und seinem Team. Großartige Weinauswahl.

Fraz. Crotto 10 | Tel. 0 31/91 45 41 | www.crottodelmisto.com | €€

Noch mehr Fisch
ITTITURISMO DA ABATE
Kein Seeblick, aber den Geschmack des Sees auf der Zunge: Die Brüder Abaterusso gehen jede Nacht fischen, und der Fang kommt am nächsten Tag auf den Tisch. Auf der Speisekarte findet sich ausschließlich Fisch – ganz der kulinarischen Tradition am See entsprechend: ob gegrillter *lavarello* mit Buttersalbei oder Polenta mit *missoltini*. Die Atmosphäre ist gemütlich rustikal.

Fraz. Villa 4 | Tel. 0 31/91 49 86 | www.ittiturismodabate.it

NESSO UND PIAN DEL TIVANO C4/C5

1200 Einwohner

Das malerische Örtchen Nesso befindet sich an der Stelle, an der sich die beiden Flüsse Tuf und Nosè vereinigen und über einen Wasserfall in den See stürzen: In mehreren Stufen fällt dieser durch die steile Klamm **Orrido di Nesso** zum See hinunter. Die Ursprünge von Nesso sind keltisch, die Römer nahmen den Ort im Jahr 196 v. Chr. ein.

Nach Regenfällen oder der Schneeschmelze im Frühjahr ist der Wasserfall besonders eindrucksvoll. Von der Piazza Castello und der Brücke Civera aus der Römerzeit bietet sich die beste Aussicht auf das Naturereignis. Der Höhenunterschied zwischen dem höchsten Punkt des Wasserfalls und dem Seeniveau beträgt etwa 200 m. Dabei bahnt sich das Wasser den Weg durch eine enge und tiefe Schlucht, die es selbst gebildet hat.

Durch die Jahrhunderte hindurch diente die Wasserkraft als Maschinenantrieb, lebenswichtig für die Entwicklung der verarbeitenden Industrie, Mühlen, Papierfabriken, Spinnereien und Ölfabriken, die allesamt mit der Energie des Wasserfalls

Armaturenbretter in klassischem Mahagonidesign und Lenkräder in Türkis, das sich auf der Liegefläche wiederholt, bestimmen die Optik der legendären Riva-Boote.

RIVA, LA DIVA!

Ikonen aus Mahagoni

Atemberaubende Flitzer aus glänzendem Mahagoni, mit chromblitzenden Armaturen, dem Cockpit eines Straßenkreuzers und türkis- oder orangefarbener Liegefläche, die mit hundert Stundenkilometer über den See brausen. Die Riva ist ein echter Hingucker und ein Mythos.

Carlo Riva wuchs mit Booten auf. Schon als Jugendlicher arbeitete er in der Werft, die sein Urgroßvater 1842 in Sarnico am Lago d'Iseo gegründet hatte. In den 1950er-Jahren suchte er nach einem schnellen, luxuriösen Boot für die oberitalienischen Seen. Nach dem Vorbild des amerikanischen Cabriolet-Boots entwickelte er ein Speedboat. Den hinteren Teil des Boots gestaltete Riva als Liegefläche zum Sonnenbaden. Darunter wummerten General-Motors-Benzinmotoren. Rivas gehörten zu den ersten echten Luxusprodukten nach dem Krieg. Sie sind die Klassiker der Wirtschaftswunder-Ära.

Der Besitz eines solchen Bootes war Nachweis für die Zuge-hörigkeit zum Jetset. »In all seas, Rivas have no rivals« war sein Slogan. Das Bootsmodell **»Aquarama«**, das seit Anfang der 1960er-Jahre gebaut wurde, ist eine unvergängliche Schönheit, die zum Prestigeobjekt avancierte. Die weltweite Fangemeinde wuchs rasant, darunter Unternehmerfamilien wie die Flicks, die Grundigs, Gunter Sachs, Aga Khan oder Stars wie Rex Har-rison, Peter Sellers, Roger Vadim, Jean-Paul Belmondo, Bri-gitte Bardot, Anita Eckberg und Elizabeth Taylor.

Bis 1996 verließen rund 4000 Motorboote aus Mahagoni die berühmte Werft **Cantieri Riva** am Lago d'Iseo in Nord-italien. Nur die Hälfte soll davon noch existieren. Eigentlich wurden sie nicht gebaut, sondern liebevoll getischlert. Erfinder Carlo Riva legte größten Wert auf Perfektion und passte seine Mahagoni-Flotte den Ansprüchen der illustren Kundschaft an. Die kleineren Modelle »Super Florida« und »Ariston« zählen zu den Klassikern, die »Tritone« und ihre Nachfolgerin »Aqua-rama« mit rund neun Metern Länge sind die größten. Die Traumboote im Retrostil passen wunderbar zum Comer See. Auch der berühmteste Bewohner des Comer Sees, **George Clooney**, besitzt eine »Aquarama«.

Und Rivas werden immer noch gebaut. Dort, wo Carlo Riva begann – am Lago d'Iseo. Heute sind es Motorjachten, die aus-schließlich aus Kunststoff bestehen. Hightech vom Feinsten. Der **Mythos Riva** bleibt davon unberührt: Dass die Mahagoni-Boote nicht mehr gebaut werden, hat das Verlangen nach den alten Modellen nur gesteigert. Rivas sind Liebhaberobjekte. Sie sind teuer, aberwitzig teuer. Und wenn man sie nicht mit er-erbtem Geld kaufen kann, dann bleibt einem immerhin das Staunen über die makellose Schönheit dieser Stilikonen.

In **Lezzeno** gibt es eine besonders hohe Dichte von Riva-Booten in der Werft Matteri (www.matteri.com). Sie gilt welt-weit als eine der besten Adressen für die Restauration von alten Riva-Booten. Die reparaturbedürftigen Rivas kommen per Transporter, Bahn oder mit dem Flugzeug aus allen möglichen Ländern und manchmal sogar vom anderen Ende der Welt, um sich hier einer Schönheitskur zu unterziehen.

Eine gute Sicht auf den Wasserfall Orrido di Nesso, der Attraktion im Örtchen Nesso, bietet sich von der mittelalterlichen Brücke Civera aus.

betrieben wurden. Der Orrido di Nesso erregte auch die Aufmerksamkeit von Leonardo da Vinci, der ihn in seinem Codice Atlantico, einer Sammlung von Skizzen und Notizen, erwähnte.

Bei Nesso befindet sich außerdem die mit 425 m tiefste Stelle des Sees. Von Nesso führt die Straße 17 km hinauf zum **Pian del Tivano**, einem grünen Hochplateau auf 977 m. Das Gebiet ist reich an Quellen und Höhlen. Im Winter kann man zu Füßen des Monte San Primo Ski fahren.

TORNO B5

1200 Einwohner

Der schöne, kleine Ort lockt mit engen Gassen und einem idyllischen Hafen, im Rücken der 1236 m hohe Monte Boletto. Als »Turnum« von den Römern gegründet und besiedelt, konkurrierte der Ort im Mittelalter mit Como. Zu dieser Zeit lebte Torno von der Tuchverarbeitung und der Weberei. Die wirtschaftliche Blüte währte nur kurz, denn Como zerstörte Torno in einer entscheidenden Schlacht 1552. Damit versank der Ort in Bedeutungslosigkeit. Zuvor wurden jedoch zwei **Sakralbauten** errichtet, die zu den schönsten am Comer See zählen.

Überlebende der Zerstörung von 1552 flüchteten, und eine Gruppe rächte sich an den Bewohnern des gegenüberliegenden Moltrasio, das jedoch völlig unbeteiligt war. Es geht die Legende, dass seither kein Mann aus Moltrasio eine Frau aus Torno geheiratet hat. Jahrhundertelange Folgen!

Sehenswertes

SANTA TECLA

Romantisch erhebt sich die Pfarrkirche am Hafen von Torno mit direktem Seeblick. Einst stand das Gotteshaus unmittelbar am Wasser. Inzwischen wurden Hafenpiazza und Kirchenvorplatz vergrößert. Die Giebelfassade mit Rosette und reich geschmücktem Renaissanceportal stammt von 1480, im 17. Jh. wurde sie umgebaut. Im Innenraum überrascht die Schönheit der Fresken von Bartolomeo De Benzi.

Piazza Casartelli

SAN GIOVANNI BATTISTA DEL CHIODO

Die Kirche stammt aus dem 12. Jh. und befindet sich im Ortszentrum. Drei Jahrhunderte später, als der Ort zu Reichtum gelangt war, wurde sie restauriert und erweitert. Aus dieser Zeit stammt das marmorne Renaissanceportal, geschaffen von der Werkstatt der Bildhauer Rodari. Besonders reich mit Fresken ausgeschmückt wurde der Chorraum. Die Kirche hat eine große Bedeutung für den Ort, da hier Reliquien verwahrt werden, die nur an bestimmten Tagen öffentlich gezeigt werden. Die interessanteste **Reliquie** der Kirche ist »il Chiodo Santo« – »der Heilige Nagel« –, einer der Nägel der Leidensgeschichte Jesu. Der Legende nach war es ein deutscher Bischof, der den Nagel auf der Rückkehr von den Kreuzzügen im Jahr 1099 mitbrachte und in der Gemeinde Unterschlupf fand. Als er abreisen wollte, verdunkelte sich der Himmel, über Tage tobten heftige Unwetter. Das sah er als Zeichen und schenkte den Nagel den Bewohnern von Torno. Aufbewahrt wird er in einem Schmuckkasten mit sieben Schlössern – einen Schlüssel hat die Kirchengemeinde, die anderen sechs sind im Besitz der alteingesessenen Familien des Ortes. Am ersten Sonntag im Mai findet eine Prozession mit und zu Ehren der Reliquie statt. Am Tag des Heiligen Johannes, am 24. Juni, versenkt ein Priester den Nagel in Wasser, das er weiht und verteilt.

Via Piazzola 2

VILLA PLINIANA

Unterhalb der Kirche San Giovanni beginnt ein Fußweg, der zur etwas außerhalb gelegenen Villa Pliniana führt (ca. eine halbe Std.). Etliche illustre Personen waren im Laufe der Jahrhunderte zu Gast: Napoleon, Lord Byron, Stendhal und die Komponisten Bellini und Rossini. Die Villa wurde 1573 für den Statthalter von Como errichtet und gehörte lange der Familie Visconti. Berühmt wurde sie durch eine sogenannte intermittierende **Quelle** (»fonte intermittente«), die in einer Grotte entspringt und direkt in den See fließt. Ihre Wassermenge ändert sich stündlich. Dieses Phänomen, das durch eine Siphonwirkung im Inneren des Felsens hervorgerufen wird, beschäftigte schon Plinius, der die Quelle einem Freund schilderte. Sein Zitat kann man auf zwei Tafeln in italienischer und lateinischer Sprache nachlesen.

Seit 2016 beherbergt die Villa ein luxuriöses Hotel. Wer ein Gespür für die Architektur der Villa bekommen will, sollte hier zumindest einen Kaffee trinken.

MONTEPIATTO

Etwa 40 Minuten wandert man von Torno bergan auf den »flachen Hügel« (→ S. 196). Über den Dächern des Ortes genießt man den Blick auf den See. Das hübsche Dorf Montepiatto liegt auf 600 m Höhe an der Flanke des Monte Bolettone (1317 m).

Auf dem Weg in den Wald erreicht man nach einem kurzen Anstieg den berühmten Pendula-Stein, **Pietra Pendula**, ein massiver Gletscherstein, der vor über zwei Millionen Jahren, in der Quartär-Zeit, vom Eis hierher getragen wurde. Der Stein liegt auf einem dünnen Sockel aus Kalkstein, höchstwahrscheinlich durch Menschen bearbeitet, um die Pilzform hervorzuheben. 1984 wurde er zum Naturdenkmal erklärt. Hier

Die Villa Pliniana in Torno, festgehalten in einer Zeichnung aus dem Jahr 1850.

liegen auch die **Massi Avelli**, bearbeitete Granitblöcke, die in prähistorischer Zeit als Gräber gedient haben sollen.

Am höchsten Punkt von Montepiatto, auf rund 650 m Höhe, steht die Kirche Santa Elisabetta, erbaut im 16. Jh.

Übernachten

Hotel mit Geschichte direkt am See
VAPORE

Das Traditionshaus liegt direkt neben der Kirche Santa Tecla am kleinen Hafen von Torno. Der alte Speisesaal mit seinen eleganten Deckenfresken und die von Kastanienbäumen beschattete Terrasse mit wunderbarem Seeblick sind wahre Juwele.

Via Plinio 20 | Tel. 0 31/41 93 11 | www.hotelvapore.it | 12 Zimmer | €

Next generation
IL SERENO

Im Sommer 2016 wurde hier auf dem Grund der Villa Pliniana dieses ultimative Designhotel eröffnet. Neues Styling mischt sich hier mit sorgfältiger Restauration. Hinter dem Gesamtkonzept steht Patricia Urquiola, die zu den wichtigsten zeitgenössischen ArchitektInnen zählt.

Via Torazza 10 | Tel. 0 31/5 47 78 00 | www.serenohotels.com/property/il-sereno | 30 Suiten | €€€€

Direkt am kleinen Hafen von Torno liegt die Bar Italia. Ganz bodenständig und unprätentiös lädt sie zu Cappuccino, kleinem Imbiss und Aperitivo ein.

Essen und Trinken

12 MERIAN EMPFEHLUNG

Nostalgiereise
BAR ITALIA

An der Piazza am Hafen von Torno sitzt man in der Bar Italia unter einer Ranken-pergola mit Blick auf den kleinen Schiffsanleger und fühlt sich wie im Italien der 1950er-Jahre, fernab der heutigen Zivilisation und fernab vom Touristenrummel. Hier herrschen Ruhe und Gelassenheit, die Atmosphäre ist ungezwungen und entspannt. Morgens wird hier Frühstück serviert, mittags kann man kleine Snacks ordern und abends den Sundowner. Wer hier bleiben möchte, kann eines der drei Zimmer des dazugehörigen B&B mieten. Wer nur auf das Schiff nach Como wartet, hat hier die schönste Haltestelle am See. Piazza Casartelli 2 | Tel. 0 31/ 41 91 50 | www.tornoallariva.it

BLEVIO

1100 Einwohner

Blevio erreicht man über eine kurvenreiche Landstraße. Der Ort zieht sich unterhalb der Straße und am steilen Hang hinauf. Blevio wurde im 19. Jh. zum beliebten Refugium der Wohlhabenden. Zahlreiche pompöse Villen entstanden. 1827 erwarb Giuditta Pasta eines der Prachtgebäude: die **Villa Roccabruna**. Sie war eine der bedeutendsten Sopranistinnen des 19. Jh. Die Villa wurde zum Treffpunkt für Künstler. Nicht nur Stendhal, Manzoni und Rossini gingen hier ein und aus. Auch der Komponist Vincenzo Bellini, der oft am gegenüberliegenden Seeufer in der Villa Passalacqua lebte, segelte oft zur Operndiva hinüber und ließ sich von ihr inspirieren und schrieb hier die Opern »Norma« und »La Sonnambula«. Fast 40 Jahre verbrachte Giuditta Pasta in der Villa. Für alle Opernfans ist es schön, dieser Atmosphäre nachzuspüren. Sie sind gut aufgehoben im Hotel, zu dem die Villa heute gehört, das von Mandarin Oriental gemanagt wird.

Übernachten

Luxus und Logenplatz am See im Fünf-Sterne-Hotel
MANDARIN ORIENTAL

Glamouröses Flair und einen atemberaubenden Seeblick bietet das im Frühjahr 2019 eröffnete Mandarin Oriental in der Villa Roccabruna. Das Innendesign von Designer Eric Egan vereint moderne italienische Eleganz mit asiatischer Leichtigkeit. Umwerfend ist die Lage des Hotels, das von einem riesigen botanischen Garten umgeben ist. 76 Zimmer und Suiten bietet das Haupthaus, wer es noch luxuriöser möchte, kann eine der neun privaten Villen beziehen. Romantische Sonnenuntergänge am schwimmenden Pool auf dem See und auf der Terrasse sind garantiert. Der große Spabereich bietet Entspannung, und kulinarisch werden die Gäste in vier Restaurants von Chef Vincenzo Guarino verwöhnt. Via Caronti 69 | Tel. 0 31/ 3 25 11 | www.mandarinoriental.com/ lake-como/blevio/luxury-hotel | 76 Zimmer und Suiten, 9 Villen | €€€€

Die Bergwelt rund um den Comer See wartet mit unzähligen Wanderwegen auf, die mit spektakulären Blicken die Mühen belohnen.

WANDERUNGEN UND AUSFLÜGE

WANDERUNG

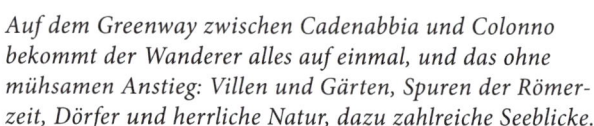

13 MERIAN EMPFEHLUNG

Greenway del Lago di Como: von Colonno nach Cadenabbia

Auf dem Greenway zwischen Cadenabbia und Colonno bekommt der Wanderer alles auf einmal, und das ohne mühsamen Anstieg: Villen und Gärten, Spuren der Römerzeit, Dörfer und herrliche Natur, dazu zahlreiche Seeblicke.

Start: Colonno **Charakteristik:** Der markierte Wanderweg verläuft teils oberhalb, teils unten am See. **Tipp:** Um zurück nach Colonno zu kommen, kann man in Cadenabbia den Bus nehmen (Haltestelle beim Hotel Britannia) **Dauer:** 3–3,5 Std. **Länge:** 10 km **Einkehrtipp:** Das beste Eis gibt es in der Fabbrica del Gelato in Lenno, Piazza XI Febbraio 15 **Auskunft:** https://greenwaylagodicomo.com, www.lakecomo.is/greenway

Am südlichen Ortsende von **Colonno** weisen blau-gelbe Beschilderung und beschriftete Pflastersteine den Weg. Nach der Brücke über den Bach Pessetta rückt der Friedhof mit der Kapelle San Rocco in Sala Comacina ins Blickfeld. Schon von hier bieten sich traumhafte Ausblicke auf die **Isola Comacina**.

VORBEI AN PRACHTVOLLEN VILLEN

Über Kopfsteinpflaster geht es in einen zwischen Mauern hindurchführenden Hohlweg durch den Ortsteil **Spurano**. Das Fischerdörfchen weist viele schöne Villen und Gärten auf. Auch die Kirche San Giacomo aus dem 10./12. Jh. ist sehenswert.

Der Greenway führt zur Chiesa Santa Maria Maddalena in **Ossuccio** mit ihrem auffallenden Glockenturm aus dem 14. Jh. Richtung See wird die malerische kleine Villa Balbiano passiert. Auf der rechten Seite folgt bald der Eingang zur herrschaftlichen **Villa del Balbianello**.

Das hübsche kleine Dorf Colonno ist Ausgangspunkt für die Perle unter den Wanderwegen am See, den Greenway del Lago di Como.

HERRLICHE SEEBLICKE

Ab jetzt weiß man gar nicht mehr, wohin man zuerst schauen soll, denn viele eindrucksvolle Villen säumen das Ufer von **Lenno**. Hinter dem schönen alten Hotel San Giorgio führt ein gepflasterter Treppenweg nach oben zur Straße und schließlich durch grüne Wiesen den Hang hinauf in die Ortschaft **Mezzegra**. Vom Vorplatz der Chiesa di Sant'Abbondio sind die Blicke auf den Lario besonders schön.

NOCH MEHR TRAUMVILLEN

Nachdem man den hübschen Ort Bolvedro di Tremezzo durchquert hat, gelangt man zurück zur Uferstraße. Die herrliche Villa La Quiete kann bestaunt werden. Nicht entgehen lassen sollte man sich den eleganten **Parco Teresio Olivelli** direkt am Seeufer. Hinter dem Hotel La Darsena (gutes Restaurant!) führt der Weg in Tremezzo durch den schönen Laubengang, dann weiter vorbei am herrschaftlichen Grand Hotel Tremezzo. Kurz darauf thront majestätisch die **Villa Carlotta** am Hang, die von außen wie von innen beeindruckt. Weiter geht es vorbei am Hotel Britannia und dem Strandbad Lido di Cadenabbia. An der Promenade zeigt ein **Denkmal** den früheren Bundeskanzler **Konrad Adenauer** beim Bocciaspiel.

WANDERUNG
Die Tremezzina entdecken:
pittoreske Dörfer, alpine Kulisse

Seit Jahrhunderten lockt die Tremezzina die Menschen an. Wenn sich das Ufer im Frühjahr in ein buntes Blütenmeer verwandelt, wird klar, warum dieser Landstrich auch Aza- leen-Riviera genannt wird. Er verzückt seine Besucher mit mildem Klima, alpiner Kulisse und pittoresken Dörfchen.

Start: Lenno **Charakteristik:** Dieser Spaziergang ist der Greenway del Lago di Como (→ S. 182) im Kleinformat in- klusive Villenbesuch **Dauer:** 2–2,5 Std. **Einkehrtipp:** Hotel Ristorante Azalea in Tremezzo mit netter Außenterrasse und schönem Blick auf Bellagio, Via Portici Sampietro 1, Tel. 03 44/ 4 04 24, www.hotelristoranteazalea.com

AUF HISTORISCHEN SPUREN

An der Busstation in **Lenno** folgt man an der Hauptstraße dem Schild »Antica Via al Soccorso«. Rechts zweigt die Via Pola ab. Der Weg führt zwischen Mauern entlang und über einen Bach. Weiter auf dem Weg bleibend, geht es auf Pflastersteinen voran mit großartigen Ausblicken über den See bis zur Via Pola Vec- chia. Folgt man ihr bergauf, landet man in **Mezzegra**. Hier wurden Benito Mussolini und seine Geliebte Clara Petacci 1945 von Partisanen erschossen, nachdem man sie am Tag zu- vor in Dongo gefangen genommen hatte. Bei der weithin sicht- baren Pfarrkirche San Lorenzo liegt einem die gesamte Tre- mezzina zu Füßen, und auch Bellagio sowie die Felsfluchten der Grigne sind deutlich zu sehen.

DURCH WIESEN UND ÜBER BRÜCKEN

Nach diesem malerischen Blick verläuft der weitere Weg durch die romantisch-verwinkelten Gassen von **Bonzanigo** und vor- bei am Palazzo Brentano aus dem 16. Jh., in dem sich heute das

Direkt am Weg: Der Villa Carlotta in Cadenabbia sollte man unbedingt einen Besuch abstatten, nicht zuletzt wegen ihres wunderbaren Gartens.

Rathaus befindet. Am Ende des Ortes, an dem sich der große Palazzo Rosati erhebt, führt ein Weg am kleinen Parkplatz links hinauf zum Bolvedrograben. Nach wenigen Metern beginnt ein alter Weg an der Steinmauer, der entspannt durch Olivenhaine und Wiesen geleitet. Bald wird der Bolvedro auf einer geschwungenen steinernen Brücke überquert, bevor man in **Viano** auf dem Weg hinab zum Ufer die schöne Aussicht genießen kann. Zügig geht es dann hinter der Kirche San Rocco und vorbei an einer Marienkapelle bergab nach **Tremezzo**.

VILLENBESUCH

Zurück am See führt die Uferstraße am Grand Hotel Tremezzo vorbei zur imposanten **Villa Carlotta** in Cadenabbia. Das Museum in der Villa ist sehenswert, noch reizvoller ist aber der Park, der zu den schönsten Italiens gehört. Von Orangen- und Kamelienbäumen über Rhododendren- und Azaleensträucher bis zum 3000 m² großen Bambusgarten finden sich hier allerlei botanische Schönheiten, auch einen englischen sowie einen Steingarten mit künstlichen Schluchten gibt es.

WANDERUNG
Durch das Val Perlana zum historischen Kloster San Benedetto

Im einsamen Val Perlana geht es hinauf zum Kloster San Benedetto auf 800 m Höhe. Auf dem Weg begegnen dem Wanderer Kunst, Kultur und alte Legenden – und stets begleiten ihn wunderbare Seeblicke.

Start: Ossuccio **Charakteristik:** Die Wegstrecke und die zurückzulegenden Höhenmeter machen die Wanderung zu einer kleinen sportlichen Herausforderung **Dauer:** ca. 4 Std. **Länge:** 9 km, knapp 600 Höhenmeter **Einkehrtipp:** Trattoria del Santuario beim Santuario della Madonna del Soccorso, Via al Santuario 50, Tel. 03 44/5 63 11, Mi geschl.

Die Wanderung startet in **Ossuccio**. Dort sollte man einen kurzen Blick in die Kirche **Santa Maria Maddalena** werfen, eine romanische Saalkirche mit Apsis und auffallendem Campanile – Glockenturm – aus dem 12. Jh. Früher gehörte ein Hospiz zur Kirche, das dem Ortsteil Ospedaletto der Gemeinde Ossuccio seinen Namen gab.

14 KAPELLEN INS PARADIES
Von der Kirche führt ein beschilderter Weg innerhalb von 20 Minuten hinauf zum UNESCO-Weltkulturerbe, dem **Heiligen Berg von Ossuccio** (→ S. 188) mit der Wallfahrtskirche **Madonna del Soccorso**. Die Via Crucis (Kreuzweg), den Mysterien des Rosenkranzes gewidmet, säumen 14 Wegkapellen mit lebensgroßen Statuen. Angefertigt wurden sie zwischen 1635 und 1710 von Malern und Bildhauern aus dem Tessin. Im Inneren der Wallfahrtskirche sind zahlreiche Votivgaben zu sehen. Hier werden auch die Marienstatue und das Gemälde der Jungfrau von Santa Eufemia verwahrt, die den Anlass für den Bau der Kirche gaben: Der Legende nach fand ein taub-

Die Kirche Santa Maria Maddalena in Ossuccio schmückt sich mit einem der auffälligsten Türme der Region – ein beliebtes Fotomotiv.

stummer Junge beide Gegenstände versteckt an diesem Ort und wurde durch ein Wunder geheilt. Die Kirche Madonna del Soccorso stammt aus dem 16. Jh., wurde aber erst 1699 komplett fertiggestellt und geweiht. Nach 25-jähriger Bauzeit wurde 1719 der Kirchturm unter der Leitung des Tessiner Architekten Giovanni Battista Bianchi hinzugefügt. Die umwerfende Aussicht vom Kirchplatz auf den Lago gibt es obendrauf.

DURCH DAS PERLANA-TAL

Ein breiter Weg führt erst einmal steil in das bewaldete **Val Perlana** hinein. In leichtem Auf und Ab geht es dann im Schatten von Kastanienbäumen durch den Weiler Preda hindurch. Nach und nach wird der Weg wieder steiler. Am Rande blicken ab und zu halb zerfallene Hütten und alte Mauerreste hinter dem Gestrüpp hervor. Diese gehörten früher zum Besitz der Mönche von San Benedetto und bildeten eine kleine Ansiedlung namens Garubio. Nach etwa zwei Stunden hat man weit hinten im Tal **San Benedetto** am Monte Oltirone erreicht.

In exponierter und aussichtsreicher Lage bildet die Kirche Madonna del Soccorso den Endpunkt des Pilgerwegs am Heiligen Berg von Ossuccio.

SACRO MONTE DI OSSUCCIO

Auf Pilgerreise zur Kirche Madonna del Soccorso

Eine der eindrücklichsten Sehenswürdigkeiten am Comer See ist der Sacro Monte di Ossuccio. Zwischen Olivenbäumen und sanft ansteigenden Terrassenhängen geht man aufwärts bis auf 419 Meter Höhe vorbei an Kapellen. Der Komplex gehört seit dem Jahr 2003 zum UNESCO-Weltkulturerbe. Im 17. Jahrhundert wurden insgesamt neun Pilgerstätten dieser Art auf Bergen der Lombardei und des Piemont geschaffen.

Am Hang gegenüber der Isola Comacina wurde dieser Weg am Heiligen Berg zwischen 1635 und 1710 mit 14 Kapellen errichtet, die den Weg zur Wallfahrtskirche **Madonna del Soccorso** (Madonna des Beistands) säumen. Sie waren vor dem Hintergrund entstanden, Christen die Bibel und den Glauben plastisch näherzubringen, nachdem sich die Kirche in ihrem Absolutheitsanspruch angezweifelt sah.

Das hing nicht zuletzt damit zusammen, dass zum Ende des 15. Jahrhunderts die **Pilgerreisen** nach Jerusalem immer gefährlicher wurden. Die Anhänger der Kirche wurden in zunehmendem Maß von den Türken bedroht, die sich mit Recht wiederum von den christlichen Pilgern in die Ecke gedrängt fühlten. Übergriffe und Massaker schüchterten Christen ein, ließen sie verhaltener ihren Glauben praktizieren.

Auch schlecht für die Kirche: Zeitgleich griff der Humanismus um sich. Die Machtverhältnisse begannen sich zu verschieben – die Kirche musste reagieren. Wie konnten sie ihren Anhängern nicht nur eine Alternative zur sonst erstrebenswerten Reise nach Jerusalem bieten, sondern auch die alten Strukturen stärken? Es entstand die Idee, so etwas wie Originalschauplätze nachzustellen. An sogenannten **Heiligen Bergen** sollten lebensgroße Statuen in realistischen Situationen aus der Bibel den Glauben der Christen stärken. Statt nur in den Köpfen sollte die Passion Christi greifbar werden.

So finden sich entlang dem ansteigenden Weg den Heiligen Berg von Ossuccio hinauf nun **14 Kapellen**. Sie sind wunderbar in die reizvolle Landschaft eingebettet und beherbergen insgesamt 230 lebensgroße, sehr ausdrucksstarke Figuren aus Gips und Terrakotta, davon 52 Engel und neun Tiere – unter diesen sechs lebensgroße Pferde.

In jeder Kapelle wird eine andere Szene dargestellt, die gezeigten Figuren tragen mitunter Kleider und Perücken, mal stehen sie frei zugänglich unter dem Dach der Kapelle, mal sind sie hinter Gittern geschützt. In der ersten Kapelle auf dem Pilgerweg kann man einen Blick auf die **Schöpfungsgeschichte** werfen. Im Urwald stehen verdutzt dreinblickend Adam und Eva; um sie herum Tiere: Giraffe, Elefant, Löwe und andere Tiere. In der fünften Kapelle nimmt sich ein weiteres aufwendig gestaltetes Bild aus Skulpturen Raum, bestehend aus 21 lebensgroßen Menschen, die gebannt dem gestikulierenden jungen Jesus in der Mitte zuhören. Zu der sogenannten **Disputa-Szene** gehören sogar zwei Hunde. Die Kirche investierte in ihren Schlaufenweg am Sacro Monte, und der Erfolg sollte ihr recht geben – die Gläubigen kamen zuhauf.

Charmant präsentiert sich das alte Fischerdorf Bellagio mit seinen in kräftigen Farben getünchten Häusern und den steilen Gassen.

Die ehemalige Benediktinerabtei wurde im Jahr 1083 erstmals erwähnt, doch bereits zwei Jahrhunderte später zogen die Mönche wieder davon und hinterließen den Ort menschenleer. Erst 1950 wurde die spätromanische Kirche restauriert. Sie ist dauerhaft geschlossen, lediglich zum Gottesdienst am 1. Mai kann man das Innere besichtigen.

MIT QUELLWASSER ERFRISCHT

Hinter der Kirche führt der Weg weiter nach links in den Wald hinein. An der **Abbazia dell'Acquafredda** kann das Quellwasser getestet werden, nach dem die Abtei, die auf rund 300 m in schönster Panoramalage thront, benannt ist. Das Wasser soll heilende Kräfte besitzen soll, den Durst stillt es allemal. Weiter geht es die Straße entlang abwärts, nach 50 m links kann die Straßenschleife über einen steilen gepflasterten Weg abgekürzt werden. Rechts geht es die Viale Libronico hinauf, dann hält man sich abermals rechts, überquert den Bach und kommt schließlich zurück zum Beginn des Kreuzwegs.

WANDERUNG
Rund um Bellagio – abseits des Trubels

Es gibt auch ein Bellagio jenseits von bunten Shops, schrillen Souvenirs und großen Menschenansammlungen. Auf diesem Spaziergang lässt es sich entdecken. Kleine Gassen und Wege führen in einem entspannten Auf und Ab an Villen und Kirchen vorbei und zu den weniger stark besuchten Örtchen rund um Bellagio.

Start: Schiffsanleger in Bellagio **Charakteristik:** Der abwechslungsreiche Rundgang führt durch Bellagio und die Nachbarorte Pescallo, Oliverio und Aureggio **Dauer:** 3–4 Std. **Einkehrtipp:** Im Restaurant Mella, an der Westseite der Bellagio-Halbinsel gelegen, gibt es täglich frisch gefangenen Fisch in vielen leckeren Variationen: San Giovanni, Piazza San Giovanni Battista 6, Tel. 0 31/95 02 05, www.mellabellagio.it, mittags und abends geöffnet

Vom Schiffsanleger in **Bellagio** geht man in Richtung Hotel Florence und rechts davon durch eine Treppengasse zur Kirche San Giacomo. Von hier führt die geschäftige Via Giuseppe Garibaldi aus Bellagio heraus. Gegenüber der Kirche San Giorgio verläuft links ein gepflasterter Weg, der an die Ostseite der Landzunge geleitet. Rechts geht es durch **Pescallo** weiter zu dem kleinen, entspannten Fischerhafen.

IN DIE NACHBARORTE OLIVERIO UND AUREGGIO

Unweit von Pescallo liegt **Oliverio**. Der Name des Dorfes deutet darauf hin, dass hier in früheren Zeiten viele Olivenbäume gediehen. Bis heute stellt die Gegend rund um den Comer See die nördlichste Region Europas dar, in der Olivenöl produziert wird. Nun muss man einige Schritte wieder zurück auf dem gepflasterten Weg gehen. Dann steigt man auf dem Vicolo Streccetta die Stufen hinauf zur größeren Via Valassina. Auf ihr wendet man sich kurz nach links, bevor man nach rechts in die Salita Montù einbiegt. Der Pflasterweg geht bald in die Via Montù über, die den Spaziergänger zum Dorfkern von **Aureggio** und zur Piazza P. Redaelli bringt.

VILLA GIULIA

Von diesem Platz geht rechter Hand die Via del Pozzo ab, dann links an der Kirche San Carlo vorbei und weiter bergab zur Straße. Über die Via Lazaretto auf der rechten Seite gelangt man zum Vialone, einer Art Grünstreifen, der sich wie eine Allee von der einen Seite der Halbinsel zur anderen zieht. Wendet man sich nach links, erreicht man die **Villa Giulia**. Sie wurde im Jahr 1624 unter dem Namen Villa Camuzia errichtet und Ende des 18. Jh. von Graf Pietro Venini restauriert sowie um den genannten Vialone erweitert. Venini benannte das Anwesen nach seiner Frau Giulia.

ÜBER VISGNOLA NACH SUIRA

Die Via Valassina leitet in ihrem weiteren Verlauf nach Lecco. Man folgt dieser Hauptstraße kurz und biegt dann links in die Gasse Via Caveda ein. Sie führt hinauf nach **Pino**, wo man durch eine Unterführung ins Dorf **Visgnola** kommt. Der schmucke Ort bezaubert mit zahlreichen alten Häusern. Über die Via del Torchio verlässt man das Dorf und zweigt an der nächsten Kreuzung nach rechts in die Via Regina Margherita ab. Am Kreisverkehr geht man nach links in die Via Valassina und folgt alsbald auf der rechten Seite der Via Privata alla Piana durch einen von Olivenbäumen gesäumten Weg. Nun biegt man rechts in die kleine Via La Capella und sofort wieder links in einen Pfad, der nach Suira führt.

DURCH DEN PARK DER VILLA MELZI

Über die kleine Piazza Suira kommt man zur Gasse Via Monumento. Dieser folgt man bergab bis zur Straße nach Como (Via P. Carcano), auf der man nach links abbiegt. Nach der Brücke passiert man den Ort San Giovanni auf der rechten Seite. Bleibt man auf der Via dei Pescatori, erreicht man den

Im Park der Villa Melzi gehen englische Gartenkunst und mediterrane Pflanzen-
pracht vor der Kulisse des Comer Sees eine wunderbare Liaison ein.

Hafen mit der 1584 erbauten Kirche. Zurück auf der Via P.
Carcano folgt man den Schildern nach Loppia und geht zum
Hafen. Hier sind noch zwei der seltenen Schiffstypen zu sehen,
die ehemals typisch für die Region waren: Wie Gondeln sehen
sie aus, haben allerdings ein großes Segel und waren bis ins
ausgehende 19. Jh. das Transportmittel für allerlei Waren.

Über den schönen, von Zypressen gerahmten ehemaligen
Treppenaufgang zur Villa Giulia erreicht man den Parkeingang
der **Villa Melzi**. Der Besuch des Parks ist unbedingt zu empfehlen. Hier gedeihen exotische Pflanzen in einem gepflegten
englischen Garten mit Teich, Bächlein, Statuen und Brunnen,
ganz wie es die Mode zu Beginn des 19. Jh. wünschte. Auch
damals war es, ebenso wie heute, im Trend, immer einen gran-
diosen Seeblick zu haben – ein schöner Abschluss der Wanderung. Von hier aus kann man durch den nördlichen Eingang
wieder zurück zur Touristenzone von Bellagio wandern.

In Colonno, am Endpunkt der Tour, begrüßen den Wanderer bunt bemalte Häuser, die den Charme des kleinen Dorfes ausmachen.

WANDERUNG
Von Pigra nach Colonno

Mit der Seilbahn von Argegno nach Pigra schweben, auf alten Pfaden vorwiegend bergab wandern und dabei wunderbare Ausblicke auf den Comer See genießen – das bietet diese schöne Tour. Aufgepasst beim Abstieg nach Colonno: Der Weg ist teils sehr steil und kann bei Nässe rutschig sein.

Start: Argegno **Charakteristik:** Die Wanderung bietet eine schöne Kombination aus spektakulärer Fahrt mit der Seilbahn und Wandern vor Seekulisse **Dauer:** 2 Std. **Einkehrtipp:** Knusprige Pizza bei sehr freundlichem Service gibt es in der gemütlichen Wirtschaft Le Lanterne di Pigra in Pigra, Via Funivia 3, Tel. 03 47/3 54 76 65 **Seilbahn:** Jede halbe Stunde, bei starkem Andrang öfter, Sept.–Juni Mo–Sa 8.30–12, 14–17, So, feiertags 8.30–12, 14–17, Juni–Sept. tgl. 8.30–12, 14.30–18.30 Uhr, hin & zurück 3,90 € **Bus:** Zurück nach Argegno mit dem Bus C10 Richtung Como von der Hauptstraße in Colonna, ca. 6 Min. (Fahrplan: www.asfautolinee.it)

15

Die Seilbahnstation liegt am nördlichen Ende des Ortes **Argegno** bei der Bushaltestelle Funivia. Mit der »steilsten Seilbahn Europas« werden die 650 Höhenmeter zum idyllischen Bergdorf **Pigra** in weniger als fünf Minuten bewältigt. Die Fahrt allein ist einen Ausflug wert, denn sie bietet fantastische Ausblicke aus der Vogelperspektive über den Comer See.

WANDERSCHUHE GESCHNÜRT

In Pigra angekommen, geht es über den Kreisverkehr bis zum Postamt (PT) im Ortszentrum. Hier führt eine Straße bergauf zum ehemaligen Waschhaus, dort hält man sich rechts und folgt der Via Sociale bis zum Ende der Siedlung. Nahe dem großen Gebäude mit der Aufschrift »Antica Societa Operaia« geht es auf einem Feldweg mit der Markierung »Lomia/Corniga« weiter. Nach einer kleinen Kapelle führt der Pfad in vielen Kehren sanft ins bewaldete **Valle della Camoggia**. Im Örtchen Lomia befindet man sich nun bereits auf 800 m Höhe.

Kurz darauf kreuzt der Pfad den Bach, der das Valle della Camoggia hinabfließt. Hat man den Weiler **Serta** (830 m) passiert, geht es leicht bergab zu der romantisch verwinkelten Siedlung **Corniga**. Die dortige Kirche aus dem Jahr 1631 ist der heiligen Anna gewidmet. Hinter der Kirche befindet sich eine *nevera*: Die zylindrisch geformte, tief in den Boden eingegrabene Steinkonstruktion ist eine Art mittelalterlicher Kühlschrank. Sie wurde früher mit Schnee (ital. *neve*) gefüllt, der sich lange darin hielt, und konnte im Sommer zur Aufbewahrung von Lebensmitteln genutzt werden.

ABSTIEG NACH COLONNO

Immer weiter den Berg hinunter passiert man die Siedlung **Cambrianico**. Es öffnet sich ein wunderbarer Ausblick auf die Halbinsel Dosso di Lavedo mit der **Villa del Balbianello** am äußersten Ende, auf die **Isola Comacina** und den gegenüberliegenden 1686 m hohen Monte San Primo. Am Ende des Wegs, wo die Asphaltstraße beginnt, geht es noch 200 m weiter. Hier unten ist das Klima so mild, dass Olivenbäume gedeihen.

WANDERUNG
Über bewaldete Hügel auf schattigen Pfaden: von Brunate nach Torno

Der schattige Weg, der entlang steiler Waldhänge oberhalb des Sees verläuft und sich zwischendurch zu schönen Blicken auf den See öffnet, startet in Brunate und führt an uralten Felsgräbern und riesigen Findlingen vorbei nach Torno.

Start: Como **Charakteristik:** Die gut begehbare Strecke führt über Wald- und alte Pflasterwege **Dauer:** 3 Std. **Länge:** etwa 12 km **Einkehrtipp:** Norditalienische Hausmannskost gibt es in der Trattoria/Crotto in Montepiatto, Tel. 0 31/41 94 46, nur Sa, So geöffnet **Standseilbahn:** tgl. 6–22.30 Uhr, die Bahn fährt etwa alle halbe Stunde, im Sommer öfter und länger (Informationen unter www.funicolarecomo.it)

Von **Como** aus geht es zunächst mit der Standseilbahn an der Via Torno hinauf in den hübschen Vorort **Brunate**, den »Balkon der Alpen«, der mit seiner wunderbaren Aussicht über den See viele Besucher anzieht. Von der Bergstation geht man rechts in die Via Roma und kommt an einigen schönen Jugendstilvillen vorbei, etwa der Villa Pirotta von 1902.

NUR EINE HANDVOLL HÄUSER: MONTEPIATTO
Ein unscheinbarer, schmaler Waldwanderweg mit dem stolzen Namen Strada Regia – ein früherer Handelsweg – führt zur Ortschaft **Montepiatto**. Meist verläuft der Weg durch Laubwald, allein von einem Plateau an einer kleinen Kapelle eröffnet sich ein toller Panoramablick über den See. Auf dem flachen Pfad an einer Weide vorbei, durch ein kleines Tal hindurch, passiert er verlassene Gebäude. Auf dem gepflasterten Weg, der von Torno heraufkommt, wendet man sich nach rechts zum Dorfkern. Von der Kirche Santa Elisabetta aus hat man eine großartige Aussicht auf den Lago di Como.

Steile Felsen, Bäche und Wasserfälle säumen den Weg im Valle di Stravalle.

FINDLINGE UND FELSENGRÄBER

Der Weg zur **Pietra Pendula**, einem massiven Findling, ist gut ausgeschildert und innerhalb von zehn Minuten zu bewältigen. Der riesige Granitstein wurde während der letzten Eiszeit hierher transportiert und scheint auf einem viel kleineren Stein zu balancieren. Die Formation sieht aus wie ein überdimensionaler Pilz und ist den kleinen Umweg allemal wert.

Um zu den **Felsengräbern** zu gelangen, folgt man dem Wegweiser »**Piazzaga**« aus Montepiatto hinaus, kommt an der Trattoria (s. Einkehrtipp) vorbei und geht an einer Gabelung rechts auf einen breiten Kopfsteinpflasterweg. Auf einem alten Treppenweg läuft man durch Piazzaga in das **Valle di Stravalle**. Hier hat der Bach eine Schlucht ins Gestein gegraben.

Noch vor der Brücke folgt man dem mit »**Massi Avelli**« beschilderten Pfad. Die verlassenen Steinhäuser von Negrenza werden passiert, und schon hat man den ersten Felsblock mit wannenartiger Vertiefung vor sich. Aus welcher Zeit die Felsengräber stammen und für wen sie errichtet wurden, ist bis heute nicht geklärt. Sie werden aber spätestens auf das 6. Jh. n. Chr. datiert. Wenige Schritte weiter gelangt man zum Felsengrab **Avello delle Piazze**: Der Stein ist so groß, dass man eine Holzleiter hinaufsteigen muss, um die Vertiefung zu sehen.

Nun geht es zurück zur Brücke und dahinter auf den breiten, gepflasterten Weg mit schönem Seeblick hinab nach Torno.

AUSFLUG
Malerisches Chiavenna

Das kleine Juwel im Flusstal der Mera ist von bewaldeten Hängen umgeben. Viel Geschichte versteckt sich zwischen malerischen Stadthäusern, rustikalen Crotti, herrschaftlichen Palazzi und entspannten Straßencafés.

Charakteristik: Der Ausflug führt in das Zentrum des Valchiavenna, des Chiavennatals, 25 km nördlich des Comer Sees **Dauer:** 1 Tag **Einkehrtipps:** Leichte, feine Küche wird im historischen Palazzo Salis aus dem 18. Jh. serviert: Passerini, Via Dolzino 128, Tel. 03 43/3 61 66, www.ristorantepasserini. com, So abends, Mo geschl. Rustikale, gute Küche zu fairen Preisen gibt es im Crotto Ombra, Corso Pratogiano 14, Tel. 03 43/29 01 33, www.crottoombra.com, Di geschl., man kann auch draußen sitzen, innen lagern Tausende von Käselaiben **Auskunft:** Ufficio Informazioni Chiavenna, Piazza Caduti della libertà, Tel. 03 43/3 74 85, www.valchiavenna.com

Hoch im Norden, rund 25 km vom Comer See entfernt am Fuß der Alpenpässe, liegt **Chiavenna** mit seinen 7400 Einwohnern. Dieser kleine Ort ging mit dem angeblichen Kniefall Kaiser Friedrich Barbarossas vor seinem Vetter Heinrich dem Löwen im Jahr 1176 in die Geschichte ein.

Doch nicht nur dafür ist das idyllisch zwischen Wäldern liegende Städtchen bekannt: Jahrhundertelang hielt Chiavenna eine Schlüsselposition (*chiave* ital. für Schlüssel) inne, stellte es doch damals die einzige Verbindung von den Pässen Maloja, Splügen und Septimer zu den Städten Venedig und Mailand dar, außerdem mit Graubünden, Flandern und dem Rheinland – bis zum Bau des Gotthardtunnels im Jahr 1880. Diese herausragende und privilegierte Lage brachte lebhaften Handel mit sich und lockte zahlreiche Adelige ins Städtchen. Noch heute lässt sich diese Vergangenheit bei einem entspannten Spaziergang durch die malerische Altstadt entdecken.

Das Städtchen Chiavenna ist bekannt für seinen mittelalterlichen Ortskern, durch den man sich treiben lassen und so manch unentdecktes Juwel finden kann.

ALTSTADT MIT CASTELLO BALBIANI

Wer von Norden kommend den Weg über die Brücke bei der **Piazza Verdi** nimmt, kann seinen Blick über die alten Steinhäuser am Fluss schweifen lassen, um dann durch den Torbogen Portone Santa Maria die **Altstadt** zu betreten. Hübsche gepflasterte Gassen, gesäumt von kleinen Straßencafés und -bars, führen durch den Ort. Hinter dem Bahnhof finden sich rustikale Crotti – Lokale in Gewölbekellern – zur Einkehr.

Die Via Carlo Pedretti lädt zum Flanieren ein und verläuft ab der Piazza Pestalozzi als Via Francesco Dolzino bis zum **Castello Balbiani**. Der wuchtige Bau ist ein burgähnlicher Palazzo, der an den Ecken von zwei Rundtürmen flankiert wird. Im 15. Jh. wurde er als Sitz des Grafen Balbiani erbaut, später, nach der Eroberung durch die Bündner, bis auf die Außenwände und die Türme zerstört. 1930 wurde das Castello restauriert. Heute hat eine Versicherungsgesellschaft dieses Prunkstück von Chiavenna bezogen.

Der Kreuzgang der Collegiata di San Lorenzo wurde Ende des 17. Jh. als Abgrenzung zur Wiese errichtet, die bis Anfang des 19. Jh. als Begräbnisstätte diente.

PARADIES UND RIESEN

Oberhalb des Castello befindet sich der Park mit dem verführerischen Namen **Parco Botanico e Archeologico Paradiso**. Getrennt durch einen tiefen Einschnitt, dem Caurga-Spalt, breiten sich die zwei Hügel Paradiso und Castelaccio aus und bieten einen Panoramablick über Chiavenna. In dem botanisch-archäologischen Garten sind auch Ruinen der Stadtmauer und der Festung zu sehen, die den Reichtum Chiavennas jahrhundertelang verteidigten. Hinter dem Park beginnt das Naturreservat **Marmitte dei Giganti** mit seinen spektakulär ausgewaschenen Felsformationen. Auf keinen Fall verpassen!

COLLEGIATA DI SAN LORENZO

Nun geht es ein paar Schritte in südlicher Richtung. Die **Collegiata di San Lorenzo** an der Piazza Bormetti ist ein beeindruckender Gebäudekomplex, bestehend aus einer Kirche im Stil der Renaissance, einem Baptisterium, einem langen Kreuzgang, einem schlanken, eleganten Glockenturm aus dem 16. Jh. und dem Schatzmuseum, Museo del Tesoro. Hier ist neben anderen Werken der wertvolle Evangelienbuchumschlag »La Pace di Chiavenna« (»Frieden von Chiavenna«) aus dem 9. Jh. zu sehen – eine kunstvolle Goldreliefarbeit mit Miniaturen, 94 Perlen und 97 Edelsteinen.

Der Ursprung der **Kirche** reicht sogar bis ins 5. Jh. zurück. Trotz zahlreicher Umbauten blieb der Grundriss aus der Romanik erhalten. Die Innenwände wurden im 18. Jh. von Filipo Fiori und Giovanni Maria Guissanni aus Como mit Fresken bemalt. Der berühmte Taufbrunnen in der **Taufkapelle** aus dem Jahr 1156 wurde aus einem einzigen grünlich-grauen Speckstein mit einem Durchmesser von 1,80 m angefertigt. Das Dekorationsrelief zeigt die Karsamstagszeremonie.

In Chiavenna scheint die Zeit stehen geblieben zu sein. Hier kann man sich zurückziehen und einmal durchatmen. Das liegt möglicherweise auch daran, dass der Ort seit 1999 ein Mitglied von **Cittàslow** (www.cittaslow.org) ist – einer Vereinigung, die sich für Entschleunigung und eine damit einhergehende Verbesserung der Lebensqualität in Städten einsetzt.

CASCATA DELL'ACQUAFRAGGIA

Einen Abstecher außerhalb der Stadt lohnt die knapp 5 km östlich von Chiavenna liegende Cascata dell'Aquafraggia. Der zweigeteilte **Wasserfall** stürzt sich tosend über 170 m in die Tiefe. Über steile Treppen kann man neben dem Wasserfall aufsteigen und über eine Hängebrücke den Bach überqueren. Schöne Ausblicke sind garantiert. Wem das zu anstrengend ist, der kann es sich bei einem Picknick auf der Wiese vor der Cascata dell'Aquafraggia gemütlich machen.

SAGRA DEI CROTTI

Wer Chiavenna Mitte September besucht, hat besonderes Glück. Beim jährlich stattfindenden **Weinkellerfest** Sagra dei Crotti werden die Crotti wunderbar in Szene gesetzt. Selbst die vielen lediglich privat genutzten Crotti öffnen dann ihre Türen. In den Gassen sind kleine Stände aufgebaut, es werden Wein verkostet und lokale Spezialitäten gespeist. Zwei Wochenenden lang kann man sich durch die Keller trinken und essen.

AUSFLUG
Abstecher in die Schweiz ins mondäne Lugano

Lugano ist die größte Stadt des Tessins und zugleich das Wirtschaftszentrum des Kantons, eingebettet in die schützende Bergwelt am Luganer See. In dem Ort herrscht eine quirlige Atmosphäre: Elegantes Einkaufen unter Altstadtarkaden ist ebenso möglich wie Kunstgenuss. Und das alles nur einen Katzensprung vom Comer See entfernt.

Charakteristik: Der Ausflug führt zum nahen Nachbarsee, Lago di Lugano, und in die gleichnamige Stadt **Dauer:** 1 Tag **Einkehrtipp:** Mitten in der Altstadt befindet sich das legendäre Café Al Porto, Via Pessina 3, Tel. 0 91/9 10 51 30, www.grand-cafe-lugano.ch, Mo–Sa 8–18.30, Küche 11.30–14.30 Uhr; die Confiserie-Theke ist übervoll mit süßen Leckereien, mittags kann man hier jedoch auch klassische Gerichte essen **Auskunft:** www.luganoturismo.ch

Der **Luganer See** liegt zwischen dem Lago Maggiore im Westen und dem Comer See im Osten. Die Einwohner nennen den Lago di Lugano auch Lago Ceresio, See der Kirschen. Zwei Drittel des Sees gehören zur Schweiz, der Rest zu Italien.

In einer Bucht am Nordufer, umgeben von mehreren Aussichtsbergen und quasi auf einem Logenplatz mit wunderbarem Blick nach Süden, liegt **Lugano**. Rund 60 000 Einwohner leben in dieser Stadt voller Kontraste, in der sich Geld und Geist, Kunst und Handel nicht ausschließen, mediterrane Palmen vor schneebedeckten Alpengipfeln gedeihen und sich Dolce Vita neben Schweizer Präzision genießen lässt.

Wer die zahlreichen Stufen zum Luganer Aussichtsberg Monte San Salvatore erklimmt, dem liegen die Stadt und der See zu Füßen.

Die zentrale Piazza della Riforma ist die gute Stube Luganos mit zahlreichen Restaurants und Cafés, die zur Einkehr laden.

ALTSTADTBUMMEL

Mittelpunkt Luganos ist die **Piazza Riforma**, das Wohnzimmer der Luganesi. Hier sitzt man unter gepflegten Geranienkästen im Café Vanini (www.vanini-dolce-caffe.ch), im Caffè Federale oder im Sass Café (www.sasscafe.ch), trinkt Espresso oder ein Glas Tessiner Merlot. Der **Palazzo Civico** an der Südseite des Platzes, in den Jahren 1842-1844 im Neorenaissancestil erbaut, ist Sitz der Stadtverwaltung.

In der **Via Nassa** und der **Via Pessina** mit ihren Laubengängen und kleinen Geschäften reihen sich die Nobelboutiquen der Modedesigner und Juweliere wie an einer Perlenkette aneinander. 270 m Lauben sorgen selbst im Hochsommer für einen kühlen Kopf und bei Regen für trockene Füße.

SEEPROMENADE UND LAC

Durch die viel befahrene Uferstraße ist Luganos **Seepromenade** von der Altstadt abgeschnitten. Perle der Promenade ist der 63 000 m² große **Parco Civico**. Prächtige Baumriesen und subtropische Pflanzen laden zum Dolcefarniente ein. Die spätklassizistische Villa Ciani im Park wird für Wechselausstellungen meist künstlerischer und geschichtlicher Art genutzt.

Das 2015 eröffnete Kulturzentrum **Centro Culturale LAC** bildet einen imposanten Rahmen für Theateraufführungen, Konzerte, Ballette und bildende Kunst im früheren Hotel Palace, ergänzt durch einen spektakulären Neubau.

BESUCH BEI HERMANN HESSE

Am Anleger stehen die Schiffe zur Seerundfahrt bereit. In **Montagnola**, oben am Berg, kann man dem Hermann-Hesse-Museum im ehemaligen Wohnhaus des Schriftstellers einen Besuch abstatten (www.hessemontagnola.ch). Hesse kam 1907 das erste Mal ins Tessin. 1919 ließ er sich in Montagnola nieder und blieb bis zu seinem Tod. Hier entstanden etwa seine Werke »Das Glasperlenspiel« oder »Siddhartha«.

Der Comer See ist ein typischer Voralpensee,
der sich an die meist recht steilen Hänge der
südlichen Alpen schmiegt.

WISSENSWERTES

SERVICE

Anreise und Ankunft
Mit dem Auto
Auf der A 5 kommt man über Basel, auf der A 98 via Schaffhausen/Zürich auf die Gotthardroute. Von München/ Österreich aus fahrend, nimmt man die A 13 über Chur. Von hier aus gelangt man über den San-Bernardino-Pass gen Süden.

Auf den schweizerischen Autobahnen besteht Mautpflicht. Eine Jahresvignette muss für etwa 40 € erworben und gut sichtbar an der Windschutzscheibe angebracht werden. Im Winter sind entsprechende Reifen und Ketten empfehlenswert.

Der Grenzübertritt bei Chiasso, gleich die erste Ausfahrt nach der Grenze, führt nach Como.

Wer über den Brenner anreist, passiert am Brennerpass die österreichisch-italienische Grenze. Auch in Österreich benötigt man eine Vignette. Für 10 Tage kostet sie knapp 9 €. Die italienischen Autobahnen sind gebührenpflichtig. In Italien beträgt die Höchstgeschwindigkeit auf Autobahnen 130 km/h, auf Landstraßen 90 km/h. Auch tagsüber muss das Licht eingeschaltet sein. Außerdem sollte man eine reflektierende Warnweste mitführen, die bei einer Panne oder einem Unfall angezogen werden muss.

Mit der Bahn
Täglich verkehren Intercity und Eurocity-Züge zwischen Deutschland/Österreich, der Schweiz und Como, das an der Gotthardlinie liegt.

Mit dem Flugzeug
Mailand wird von vielen Flughäfen in Deutschland, Österreich und der Schweiz aus angeflogen.

In Mailand gibt es drei **Flughäfen**: Malpensa (www. milanomalpensa-airport) – im Nordwesten gelegen, bietet dieser große Flughafen die beste Verbindung nach Como per Bus oder Bahn. Linate (www.milanolinate-airport. com) ist der kleinere Flughafen im Osten der Stadt. Orio al Serio bei Bergamo (www. sacbo.it) wird von Billigfluglinien angeflogen.

Auskunft
In Deutschland, Österreich und der Schweiz

Italienische Zentrale für Tourismus ENIT
Direktion für die deutschsprachigen Länder. Hier kann man Informationen und Prospekte anfordern.
www.enit-italia.de

ENIT – Agenzia Nazionale del Turismo
www.enit.at

In Zürich übernimmt das **italienische Konsulat** die Promotiontätigkeit.
www.conszurigo.esteri.it

Buchtipps
Cocco & Magella: Die Toten der Villa Cappelletti (Rowohlt, 2014) Der Krimi des Autorenpaars Giovanni Cocco und Amneris Magella führt in die Zeit des Zweiten Weltkriegs in Cernobbio. Familientragödie und Krimi, außerdem liefert das Buch viel Atmosphärisches von der Westseite des Sees.
Alessandro Manzoni: Die Brautleute (dtv, 2003) Der Klassiker der italienischen Literatur (→ S. 152).

Sveva Casati Modignani: Immer im Dezember (Diana Verlag, 2014) Ein heimliches Liebespaar aus Mailand trifft sich über Jahre hinweg jedes Jahr im Dezember am Comer See. Warmherzige, unterhaltsam erzählte italienische Familiengeschichte.
Godehard Schramm: Der Kanzler und der See (Corso Verlag, 2012) Berichte über die Kanzleraufenthalte am See, aber auch wahre Seepoesie von selbst Erlebtem. Godehard Schramm folgt Adenauers Spuren und verbindet sie mit Geschichte und Atmosphäre.
Stendhal: Die Kartause von Parma (dtv, 2009) Stendhal, der sich selbst zu Anfang des 19. Jh. in Bellagio inspirieren ließ, schildert in diesem Roman eine tragische Liebesgeschichte zur Zeit der napoleonischen Ära in Oberitalien. Einer der schönsten Roman der Weltliteratur!

Diplomatische Vertretungen
Generalkonsulat der Bundesrepublik Deutschland
Via Solferino 40, Mailand |
Tel. 02/6 23 11 01 |
www.mailand.diplo.de

Österreichisches Konsulat

Piazza del Liberty 8, Mailand |
Tel. 02/78 37 43 | www.bmeia.gv.
at/botschaft/gk-mailand

Schweizer Konsulat

Via Palestro 2, Mailand |
Tel. 02/7 77 91 61 |
www.eda.admin.ch/mailand

Feiertage

1. Januar Cappodanno
(Neujahr)
6. Januar Epifania
(Hl. Drei Könige)
März/April Pasqua/
Lunedi di Pasqua (Ostern/
Ostermontag)
25. April Festa della
Liberazione (Befreiung vom
Faschismus/Nationalfeiertag)
1. Mai Festa del Lavoro
Mai/Juni Corpus Domini
(Fronleichnam)
2. Juni Festa della
Repubblica
15. August Ferragosto/
Assunzione (Mariä Himmel-
fahrt)
1. November Ognissanti
(Allerheiligen)
8. Dezember Immacolata
Concezione (Maria Emp-
fängnis)
25./26. Dezember Natale/
Santo Stefano (Weihnachten/
Stefanstag)

Links
www.lakecomo.is
Offizielle Website des Touris-
musbüros. In Italienisch und
Englisch mit Tipps zur Umgebung, Sport, Restaurants,
Sehenswürdigkeiten, Wanderungen und vielem mehr.

**www.comersee-special.de/
blog**
Deutscher Blog über Events
am Comer See, Rezepte und
nostalgische Songs.

www.comer-see-italien.com
Portal für die Vermittlung
von Ferienwohnungen; Fahr-
pläne der Schiffe und Seilbahnen, Events und Infos
über die Orte am See.

www.dercomersee.com
Informiert auf Deutsch, Englisch, Französisch und Italienisch über die Orte und ihre
Sehenswürdigkeiten.

www.comer-see.org
Vermittelt Ferienwohnungen
und Häuser inklusive Über-
sicht zu den einzelnen Orten.

www.discovercomo.com
Umfassende Website auf Eng-
lisch: Unterkünfte, Events,
Hintergrundwissen.

Apps
Gardens of Lake Como
50 Gärten und Villen am See.
Engl./ital., für iOS und Android, kostenlos

Lake Como Travel Guide App
Tourismus am Comer See mit Tipps zu Restaurants und Sehenswürdigkeiten.
Dt., für iOS und Android, kostenlos

Le stelle del Lago di Como
Unerlässliche App für Filmfans, die darüber informiert, wo welche Filme am Comer See gedreht wurden.
Engl/ital., für iOS, für Android nur ital., kostenlos

Giro Lago
Rundumversorgung für Urlauber: App mit Fahrplänen von Seilbahnen und Schiffen; Informationen über Museen, Shops und Wanderwege.
Engl., für iOS und Android, kostenlos

LakeApp
App für die vier großen oberitalienischen Seen: Lago Maggiore, Luganer See, Comer See und Gardasee. Via GPS immer dem aktuellen Standort angepasst, zeigt die App von Strand bis Wanderweg alles in der unmittelbaren Umgebung an, was von Interesse sein könnte.
Mehrere Sprachen, für iOS und Android, kostenlos

ComoCity
Como mit Museen, Kirchen, Webcam, Restaurants, aktuellen Events etc.
Engl., für iOS, kostenlos

Medizinische Versorgung
Für Reisende an den Comer See reicht die European Health Insurance Card (EHIC), die in die übliche Versicherungskarte integriert ist, um sich in öffentlichen Krankenhäusern behandeln lassen zu können.

In Italien gibt es neben dem privat organisierten Gesundheitssystem auch die Unita Sanitaria Locale (staatliche Gesundheitszentren), in denen Patienten kostenlos versorgt werden. Medikamente gibt es dort gegen eine Rezeptgebühr.

Für einen zusätzlichen Versicherungsschutz empfiehlt sich der Abschluss einer Auslandskrankenversicherung, die Rücktransporte in die Heimat mitversichert.

Notruf
Allgemein: 112
Polizei/Unfallrettung: 113
Ärztlicher Notruf: 118
ADAC-Notruf: 0 89/22 22 22

Post
Postämter haben mittags geschlossen. Wochentags sind sie von 7.30–12 und von 14–18 Uhr sowie am Samstagvormittag geöffnet.

Briefmarken sind auch im Kiosk/Tabakgeschäft (*tabacchi*) erhältlich.

Reisedokumente
Für EU-BürgerInnen genügt ein Personalausweis oder ein Reisepass. Seit 2012 benötigt jedes Kind ein eigenes Reisedokument. Autofahrer sollten den Kfz-Schein sowie ihren Führerschein bereit halten. Auch die Grüne Versicherungskarte macht Sinn. Haustiere wie Hunde und Katzen müssen einen eigenen EU-Heimtierausweis und ein tierärztliches Zeugnis haben.

Reiseknigge
Auch wenn um den Comer See viele deutsche Reisende unterwegs sind und viele Einheimische, die im Tourismussektor arbeiten, Deutsch

sprechen, so ist es doch höflicher, vorweg auf Italienisch anzufragen, ob Deutsch oder Englisch gesprochen wird. Man wird dann sehr freundlich behandelt.

Im Sommer kann es sehr heiß sein, trotzdem sollte man nicht mit kniefreien Hosen und schulterfreien Tops Kirchen besuchen. Gegebenenfalls wird einem der Eintritt bei unangemessener **Kleidung** auch verwehrt.

In den Restaurants bleibt man im Eingangsbereich stehen und wartet, dass einem ein Platz zugewiesen wird.

Rauchen ist in allen Restaurants und Bars verboten.

Trinkgeld ist im Restaurant unüblich, wenn ein *coperto* (Gedeck) schon berechnet wurde. Trotzdem können ein, zwei Euro als Anerkennung nicht schaden. Im Taxi kann man aufrunden. In Hotels macht man mit 10 bis 20 € pro Woche für das Zimmermädchen nichts falsch.

Sicherheit
Da das labile Gleichgewicht von Natur und Kultur gestört ist, kann es zu Unfällen im Zusammenhang mit Naturkatastrophen kommen, wie

Lawinen, Waldbränden, Erdrutschen oder plötzlichen Wasserstürzen. Die Gebirgsflussläufe werden mancherorts unterschätzt. Darum auf Warnhinweise achten und nur als geübter Schwimmer ins Wasser steigen.

Stromspannung
Die Netzspannung beträgt 220 Volt. Für elektrische Geräte wird bisweilen ein Adapter benötigt, da die deutschen Schukostecker nicht in die italienischen Flachsteckdosen passen.

Telefon
Vorwahlen
D, A, CH ▶ Italien 00 39
Italien ▶ D 00 49
Italien ▶ A 00 43
Italien ▶ CH 00 41
Wer aus Deutschland oder Österreich anruft, lässt die Null zu Beginn der Ortsvorwahl weg. In Italien jedoch muss die gesamte Ortsvorwahl mitgewählt werden. In den Tälern kann es teilweise schwierig sein, mit dem Handy Empfang zu bekommen.

Verkehr
Wer mit dem Auto unterwegs ist, sollte die Tempolimits

streng einhalten. In Italien gelten 130 km/h auf Autobahnen, außerorts 90 km/h, innerorts 50 km/h.

Die Pannenhilfe (*soccorso stradale*) erreicht man unter der Rufnummer 80 31 16, vom Handy aus unter der Nummer 8 00 11 68 00.

Schwarzgelb markierte Bordsteine und gelb gestrichene Flächen weisen auf ein Parkverbot hin.

Für Italien gilt die Promillegrenze von 0,5 ‰.

Im Auto muss eine Warnweste mitgeführt werden, die man bei Unfällen oder Pannen anlegen muss.

Vor allem in der Hochsaison sind die Uferstraßen oftmals überfüllt. Es kann bereits eine Ewigkeit dauern, bis man Como Richtung Menaggio verlassen hat. Die öffentlichen Verkehrsmittel, vor allem die Schiffe, sind auch aus diesem Grund zu empfehlen.

URLAUBSKASSE	
1 Tasse Kaffee	
(im Stehen)	ab 1,00 €
1 Bier	2,00–3,00 €
1 Glas Wein	3,00 €
1 Cola	ab 3,00 €
1 Teller Pasta	ab 7,00 €
1 Liter Benzin	ab 1,79 €
Mietwagen/Tag	ab 30,00 €

Öffentliche Verkehrsmittel

Bahn

Am Ostufer führt eine Bahnlinie von Lecco nach Colico (www.fsitaliane.it). Von Colico kann man weiter nach Chiavenna fahren und von Lecco nach Mailand.

Nach Mailand kann man auch von Como mit zwei verschiedenen Bahnlinien fahren (www.trenord.it, www.trenitalia.com).

Bus

Am Westufer und am Südufer fahren Busse der Linie ASF (www.asfautolinee.it). Die Tickets müssen vor der Fahrt im *tabacchi*, einem Zeitungskiosk oder einer Bar in der Nähe der Bushaltestelle gekauft werden.

Schifffahrt

Am besten lässt man das Auto auf dem Hotelparkplatz stehen und besucht die verschiedenen Orte per Schiff. Die Schiffe der **Navigazione Lago di Como** (www.navigazionelaghi.it) sind das schönste Verkehrsmittel, um von Ort zu Ort zu kommen. Auf den Hauptstrecken fahren sie alle halbe Stunde. Auch Rundfahrten werden

angeboten. Ebenso Fahrten mit dem Tragflächenboot. Das Ostufer ist mit dem Westufer per Autofähre von Bellagio nach Cadenabbia und von Varenna nach Menaggio verbunden. Außerdem gibt es auch Wasscrtaxis, allerdings nicht ganz billig.

Fahrradverleih

In den meisten Orten besteht die Möglichkeit, Fahrräder, Mountainbikes oder E-Bikes zu leihen. Eine Liste der Verleihstationen rund um den See findet sich auf der Website www.lakecomo.it.

Wasserqualität

In vielen Bereichen des südlichen Comer Sees heißt es von der Überwachungsbehörde ASL ganz klar »non balneabile« – »nicht baden«! Der Westarm zählt zu den am stärksten verschmutzten Gewässern des Landes. In der Mitte des Sees und im Norden ist das Baden kein Problem. Im Nordteil befinden sich die schönsten Strände.

Zoll

Auskünfte erhält man unter www.zoll.de, www. bmf.gv.at/zoll und www.zoll.ch.

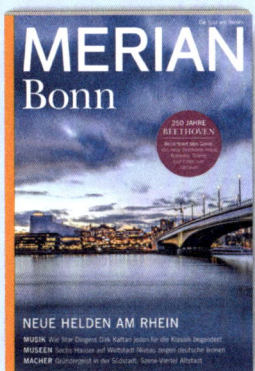

300 v. Chr.

Die **Römer** beginnen,
die Alpenpässe zu er-
obern. Sie gründen die
Provinz Gallia Cisalpina.

ab 6. Jh.

Im 6. Jh. übernehmen
Langobarden die Herr-
schaft, geblieben ist der
Name für die Region öst-
lich des Sees: Lombardei.

Die Römer richten **Militär-**
siedlungen ein und
bauen erste Festungen.

Kaiser **Konstantin** erlässt
das Mailänder Edikt,
das das Christentum zur
Staatsreligion erhebt.

100 n. Chr.

313 n. Chr.

8. Jh.

774 fällt **Karl der Große**
ein – vom Papst zu Hilfe
gerufen – und nimmt das
langobardische Reich ein.

1162

Der römisch-deutsche
Kaiser **Friedrich I.
Barbarossa** erobert
und zerstört Mailand.

Zehnjähriger Krieg zwischen
Mailand und **Como**. Nach fast
zehn Jahren wird Como von
Mailand eingenommen, seine
Festungen werden geschleift.

1118–1127

12.–15. Jh.

Die Adelsfamilien
Rusca, Visconti
und **Sforza** kommen
an die Macht und
prägen die Region.

1450

Francesco Sforza
wird Herzog von
Mailand.

Sieg der **lombardischen
Liga** gegen Kaiser
Friedrich I. Barbarossa.

Ottone Visconti wird Erzbischof
von Mailand. Como steht in dieser
Zeit meist unter dem Einfluss der
Rusca, die sich mit den Visconti
Kämpfe um die Stadt liefern.

1176

1278

1535

Nach dem Tod des letzten Sforza 1535 fällt das Herzogtum Mailand an die **spanischen Habsburger**. Sie bauen Burgen am See und verlegen Truppen dorthin.

1494

Ludovico Sforza, Il Moro, wird Herzog von Mailand. Die gesamte Region erlebt eine Zeit kultureller und wirtschaftlicher Blüte.

1629–1631

In der Region wütet die **Pest**, mehr als 200 000 Menschen sterben, beschrieben in dem Roman »Die Brautleute« von Alessandro Manzoni. → S. 152

1706

Nach dem **Spanischen Erbfolgekrieg** (1701–1704) fällt das Gebiet an die österreichischen Habsburger.

1861

Giuseppe Garibaldi wird zum Verfechter der nationalen Unabhängigkeit. Das Königreich Italien wird gegründet: **Vittorio Emanuele II** wird König von Italien.

Napoleon erobert mit seiner Grande Armée die Lombardei und gründet 1802 die Cisalpinische Republik. Nach seiner Niederlage auf dem Wiener Kongress fällt die Lombardei wieder an die österreichischen Habsburger.

1796

Die Eröffnung der **Gotthard-Bahn** bringt zukünftig Touristen an die Seen.

1882

1922

Im Taumel des neuen
Nationalismus fällt es
Benito Mussolini
leicht, ein faschistisches
System zu etablieren.

27.4.1945

Mussolini fällt in Dongo
Partisanen in die Hände,
als er in die Schweiz
flüchten will. Am nächsten
Tag wird er erschossen.

Italien tritt in den **Ersten
Weltkrieg** ein. Das Gebiet
um den Comer See bleibt
von Angriffen verschont.

Italien kämpft
auf der Seite
Deutschlands im
Zweiten Weltkrieg.

1915

1940

1957

Der deutsche Bundeskanzler
Adenauer reist erstmals an den
Comer See. Dadurch wird die
Region einer breiten deutschen
Öffentlichkeit bekannt. → S. 118

2020

Die Lombardei
ist eines der
Epizentren der
Corona-Pandemie.

Der 16 km lange
**Gotthard-Straßen-
tunnel** wird eröffnet.

Der 57 km lange
Gotthard-Basistunnel
für die Bahn wird in
Betrieb genommen.

1980

2016

BILDNACHWEIS

Titelbild (Garten der Villa Monastero in Varenna), AWL Images: Francesco Bergamaschi AWL Images/ClickAlps: Matteo Re 80; Alessio Giovacchini 174 | AWL Images: Marco Bottigelli 3, 13, 54/55 | Composer - stock.adobe.com 6/7 | dpa picture alliance 30; DUMONT Bilder 44; imageBROKER 57, 60, 172; Bildagentur-online 83; © dpa-Report 99; Rolf Haid 116, 222; Sven Simon 121; Effigie/Leemage 152; akgimages 157, 220; IMAGNO/Johann Kräftner 160; Prisma 163; Bildagentur-online/AGF-Foto 165; Leemage 177; REUTERS 206/207 | Eva Gerberding 5, 166, 178 | gemeinfrei 217 | Getty Images 17, 18, 133; iStockphoto 48, 141; Federica Fortunat 53; imageBROKER 64; cranjam 96; De Agostini Editorial 105; Roberto Moiola 107; Francesco Bergamaschi 110, 135; Roberto Moiola 131; Universal Images Group 142; Gialdini Luca 145; 500px Unreleased 200; De Agostini 219 | HUBER IMAGES: Hans-Peter Huber 86; Stefano Scatà 91; Marco Arduino 204 | imago images/Design Pics 221 | imago stock&people 123 | imago/Kickner 147 | laif/hemis: Hauser Patrice 75; robertharding: Francesco Bergamaschi 190 | Look/ClickAlps 102; robertharding 216 | mauritius images: P. Kaczynski 21, 193; imageBROKER: Christian Handl 25; CuboImages 33; Alamy: Jozef Sedmak 63; Ian Fraser 85; Andrej Privizer 92; Clement-Mantion Pierre-Olivier 72; Travelbild-Italy 115; Malcolm McLeod 124; Beata Moore 128; Historic Images 138; Olena Buyskykh 151; Fabio Pili 169; Mike Byrne 194; Joe Vella Klappe hinten; United Archives 118; ClickAlps 155, 187, 197; John Warburton-Lee 203; History and Art Collection/Alamy 218; CuboImages 224 | seasons.agency: Lehmann, Joerg 71, 76 | Shutterstock: Martynas Lukasenkinas 9; Renata Sedmakova 22; HeiSpa 26; Brian S. 29; NeyroM 34; Irina Dyba 37; Stefano_Valeri 38; Marysya 43; Federico Rostagno 47; Photelling Images 67; Ceri Breeze 68; Boryana Manzurova 79; Sina Ettmer Photography 88; Yevhenii Chulovskyi 95; Maksym Ketsmur 101; leoks 108; StevanZZ 112, 183; Gherzak 127; AerialVision_it 136; Kvitka Fabian 170; Foto-Migawki MD 180/181; Amy Corti 185; Vaidotas Grybauskas 188; Muriel92 199

Liebe Leserin, lieber Leser,

wir freuen uns, dass Sie sich für diesen MERIAN Reiseführer entschieden haben. Unsere Autoren und Autorinnen sind für Sie unterwegs und recherchieren sehr gründlich, damit Sie mit aktuellen und zuverlässigen Informationen auf Reisen gehen können. Dennoch lassen sich Fehler nie ganz ausschließen, zumal zum Zeitpunkt der Drucklegung die Auswirkungen von Covid-19 auf das Hotel- und Gastgewerbe vor Ort noch nicht vollständig abzusehen waren. Wir bitten um Verständnis dafür, dass der Verlag keine Haftung übernehmen kann.

Ihre Meinung ist uns wichtig. Bitte schreiben Sie uns:
GRÄFE UND UNZER VERLAG
Postfach 86 03 66, 81630 München, www.merian.de

Leserservice
merian@graefe-und-unzer.de

PEFC/18-31-506

Bei Interesse an maßgeschneiderten B2B-Editionen:
roswitha.riedel@graefe-und-unzer.de
Bei Interesse an Anzeigen:
KV Kommunalverlag GmbH & Co. KG
Tel. 0 89/9 28 09 60
info@kommunal-verlag.de

Verlagsleitung Reise: Philip Laubach
Verlagsredaktion: Susanne Kronester
Autoren: Eva Gerberding, Rayka Kobiella
Redaktion: Beate Martin
Bildredaktion: Marie Danner
Schlussredaktion: Ulla Thomsem
Reihengestaltung: Independent Medien Design, Horst Moser, München
Karten: Huber Kartographie GmbH für Gräfe und Unzer Verlag GmbH
Satz: Anja Dengler
Herstellung: Renate Hutt
Druck und Bindung:
Printer Trento, Italien

Ein Unternehmen der
GANSKE VERLAGSGRUPPE

COMER SEE EN DETAIL

Zu uralten Burgen und Ruinen gehören Gespenster einfach dazu – das dachte sich wohl auch die lokale Künstlerin Denise Parmigiani. Überall sitzen, stehen, liegen die gut ein Dutzend von ihr erschaffenen gesichtslosen Skulpturen ganz in Weiß. Jedes Jahr im Frühling können Touristen, die immer schon mal als Gespenst auf einer über tausend Jahre alten Burg verewigt werden wollten, sich für eine Saison in einer bearbeiteten Gaze einwickeln lassen. 20 Minuten wird still gehalten, dann die getrocknete Form abgelöst und in der Ruine des **Castello di Vezio** oberhalb von Varenna platziert. Manche sitzen auf Brüstungen, blicken scheinbar sehnsüchtig über den Lario, andere verstecken sich im Grün oder hocken nachdenklich auf den Stufen.